NOTICE

DES

MANUSCRITS

DE QUELQUES BIBLIOTHÈQUES DES DÉPARTEMENTS.

EXTRAIT DU JOURNAL DES SAVANTS,

ANNÉES 1841-1842.

NOTICE

DES

MANUSCRITS

DE QUELQUES BIBLIOTHÈQUES DES DÉPARTEMENTS

PAR M. G. LIBRI

PARIS
IMPRIMERIE ROYALE

M DCCC XLII

NOTICE

DES

MANUSCRITS

DE QUELQUES BIBLIOTHÈQUES DES DÉPARTEMENTS.

Il existe, en France, un grand nombre de manuscrits importants dispersés dans les différentes villes de province, et, pour la plupart, inconnus ou mal décrits. Ces manuscrits, qui proviennent, en grande partie, des couvents et des diverses communautés religieuses supprimées à la révolution, se trouvent ordinairement dans les bibliothèques communales, où il sont gardés avec plus ou moins de soin, suivant le degré d'intérêt que les villes et les communes attachent à la conservation des monuments littéraires. Le nombre et l'importance des manuscrits que possède chaque localité ne sont nullement en rapport avec la population, ni avec les besoins ou les ressources de la ville où ils se trouvent. C'est le hasard seul qui a présidé à la répartition des dépouilles des couvents, et, comme les bibliothèques communales sont à la charge des conseils municipaux, qui ne peuvent pas toujours apprécier l'importance de ces manuscrits, car, dans quelques endroits, bien peu de personnes sont à même de les déchiffrer, parfois le voyageur qui parcourait ces provinces a pu être étonné de l'aspect que présentaient certaines bibliothèques. Cependant on doit reconnaître qu'il y a généralement progrès sous ce rapport, et qu'actuellement, si la dotation de nos bibliothèques ne permet que rarement de les augmenter et de tenir ces établissements au courant des livres nouveaux, toutefois, sauf quelques rares exceptions, la conservation des livres est partout suffisamment assurée. C'est là un point essentiel, car plusieurs fois la malveillance s'est emparée de quelques exceptions pour déverser sur plusieurs villes de la France, et sur les savants français, en général, un blâme qu'ils sont loin de mériter.

Parmi les écrivains qui se sont fait remarquer par la sévérité de leur critiques, on doit citer surtout M. Haenel qui, dans ses *Catalogi manuscriptorum* [1], n'a pas laissé échapper une seule occasion de signaler les manuscrits que la France a perdus pendant la révolution. Nous reviendrons plus loin sur le catalogue de M. Haenel : pour le moment nous nous bornerons à faire remarquer que ce n'est pas seulement en France que les troubles et les guerres ont été funestes aux dépôts littéraires ; et M. Haenel aurait pu se rappeler combien de manuscrits précieux sa patrie, l'Allemagne, a perdus dans la guerre de trente ans [2]. Mais, sans chercher à récriminer, il suffira de dire que, malgré l'incurie impardonnable de quelques villes, les bibliothèques sont, en général, mieux entretenues actuellement par des municipalités, souvent fort pauvres, qu'elles ne l'étaient, avant la révolution, par les ordres religieux les plus opulents. On pourrait appuyer cette assertion sur un grand nombre de preuves. Mais, sans remonter bien haut dans l'histoire, et sans rappeler la visite de Boccace à la bibliothèque du Mont-Cassin, où l'herbe croissait sur les manuscrits qui étaient couverts de sable et de terre [3], nous ne citerons que deux exemples assez récents, qui paraissent de nature à ne laisser aucun doute sur ce point.

Lorsqu'en 1708 le savant bénédictin dom Martène parcourut la

[1] Haenel, *Catalogi librorum manuscriptorum qui in bibliothecis Galliæ, Helvetiæ, Belgii, Britanniæ M., Hispaniæ, Lusitaniæ, asservantur, nunc primum editi.* Lipsiæ, 1830, in-4°. Le titre promet beaucoup de choses que l'ouvrage ne tient pas. Pour nous borner au *nunc primum editi*, nous ferons remarquer que l'auteur a reproduit dans son ouvrage les catalogues de plusieurs bibliothèques dont les manuscrits avaient été décrits dans des ouvrages publiés précédemment. Ainsi, par exemple, on trouve, dans l'ouvrage de M. Haenel, les manuscrits des bibliothèques de Lyon, de Douai, d'Orléans, etc. bien que ces manuscrits fussent déjà connus des érudits par des publications récentes, lorsque M. Haenel fit paraître son ouvrage. Seulement les catalogues de ces bibliothèques, publiés par Delalandine, par Septier, etc. sont bien plus complets et plus utiles que les listes abrégées données par M. Haenel. — [2] Dans ses *Recherches sur Louis de Bruges, seigneur de la Gruthuise* (Paris, 1831, in-8°, p. 89 et suivantes), Van Praët, pour répondre aux attaques des étrangers, a signalé plusieurs exemples de dispersion et de dilapidation de manuscrits qui ont eu lieu hors de France à plusieurs époques. On sait que Maximilien, duc de Bavière, envoya à Rome, à Grégoire XV, la célèbre bibliothèque de Heidelberg, après que Tilly se fut emparé, en 1622, de cette ville. — [3] Muratori, *Antiquitates Italicæ*, Mediolani, 1738, 6 vol. in-fol. t. III, col. 834.

France entière pour préparer les éléments d'une nouvelle édition du *Gallia Christiana*, il s'occupa surtout de la recherche des manuscrits, et, comme il avait une mission spéciale de son ordre, toutes les portes lui furent ouvertes avec empressement. En plusieurs circonstances le docte compilateur de l'*Amplissima Collectio* eut à gémir sur l'état déplorable dans lequel il trouvait les collections les plus précieuses; mais nulle part ce savant moine n'eut à souffrir autant qu'à Bourges. Voici en quels termes, dans le Voyage littéraire de deux religieux bénédictins de la congrégation de Saint-Maur[1], dom Martène a rendu compte de la visite qu'il fit à la bibliothèque de la Sainte-Chapelle de cette ville :

« Monsieur le procureur du chapitre me fit ouvrir le lieu où les livres étoient conservés. Je les trouvai dans un état pitoyable, parce que le receveur du chapitre, à qui on avoit confié la clef de ce lieu, en avoit fait un poullalier (*sic*), et que, comme ils étoient ouverts sur des pupitres, les poules les avoient couverts d'ordures. Lorsque je commençois à les manier, M. l'abbé Desosiers, à qui il appartient d'en avoir soin, me vint trouver; il ne fut pas moins chagrin que moy de les trouver en cet état; il fit à l'heure même nettoyer le lieu et les livres, et me promit de faire relier ceux qui en auroient besoin. L'un des plus curieux manuscrits de la Sainte-Chapelle est celui qu'on appelle les heures du duc Jean. C'est un psautier latin avec une version angloise de six ou sept cents ans. Ceux qui me la montroient croyoient que c'étoit de l'allemand ou de l'hébreu. Mais si tôt que je l'eus vu je connus le caractère anglo-saxon. »

Il n'est pas inutile d'ajouter ici qu'il existait des bulles pour protéger les précieux manuscrits de la Sainte-Chapelle de Bourges. Mais les papes, qui avaient excommunié quiconque transporterait ailleurs un de ces manuscrits, n'avaient pas songé à les garantir des atteintes des poulets.

Un autre fait, qui montre avec quelle incurie les moines laissaient se gâter les manuscrits les plus précieux, est relatif à la bibliothèque du président Bouhier de Dijon, qui avait formé, au commencement du XVIIIe siècle, une des plus belles collections de manuscrits qui aient jamais appartenu à un particulier. Après la mort de ce savant magistrat, sa bibliothèque, sur laquelle nous reviendrons souvent dans la suite, tomba entre les mains d'héritiers qui voulurent s'en défaire; mais on ne trouva un acquéreur qu'en 1784. Ce fut l'abbé de Clairvaux qui l'acheta pour 135,000 francs. On aura de la peine à croire que, lorsque, huit ans après, en 1792, la bibliothèque de Clairvaux fut saisie par

[1] Paris, 1717, 2 vol. in-4°, part. I, p. 29.

les commissaires des biens nationaux, on trouva encore les livres de Bouhier (c'est-à-dire deux mille manuscrits et trente-cinq mille volumes imprimés) dans les mêmes caisses[1] qui avaient servi à les transporter de Dijon à Clairvaux. Abandonnées dans un lieu humide ces caisses avaient souffert, et, lorsqu'enfin on les ouvrit, on trouva plusieurs des plus beaux manuscrits entièrement gâtés[2].

Au reste, si les riches moines de Clairvaux achetaient parfois des bibliothèques, d'autres moines ne se faisaient pas scrupule de vendre ou de donner les livres qu'ils possédaient. On sait combien de beaux manuscrits sont parvenus de cette manière entre les mains de Colbert, et l'on voit dans Mabillon que, de son temps, plusieurs des plus anciens manuscrits étaient déjà sortis des couvents pour passer entre les mains de divers particuliers[3]. Mais ce qui, à nos yeux, prouve, mieux que toute autre chose, le peu d'intérêt qu'au XVIIIe siècle les moines attachaient aux collections dont ils avaient hérité de leurs savants prédécesseurs, c'est qu'ils n'ont jamais songé à publier le catalogue des richesses qu'ils possédaient. Labbe et Montfaucon ont donné, à la vérité, la liste des manuscrits de quelques couvents; mais ce ne sont que des extraits du catalogue, et souvent douze ou quinze manuscrits seulement sont in-

[1] Pendant que les moines de Clairvaux laissaient pourrir de si beaux manuscrits, les oratoriens de Troyes, qui avaient hérité d'une partie notable des célèbres manuscrits de Pithou, se livraient à un acte non moins déplorable de barbarie. Voulant faire relier économiquement ces manuscrits, les oratoriens, pour en former des volumes, réunirent, au hasard, le plus grand nombre possible d'ouvrages, sans même chercher l'égalité de format; puis ils les firent rogner de manière à donner à toutes les parties de ces volumes hétérogènes des dimensions uniformes. Il est inutile d'ajouter que souvent le texte fut atteint et mutilé par le fer du relieur. On peut voir à la bibliothèque de Troyes des exemples fréquents de cette mutilation. — [2] Trois des plus anciens manuscrits de Bouhier, qui se trouvent actuellement à la bibliothèque de Troyes, à moitié pourris et en lambeaux, attestent encore l'incurie des moines de Clairvaux. Le premier, qui est du VIIIe siècle, contient un ouvrage de Cassiodore : nous y reviendrons plus loin. Le second, qui remonte probablement au Xe siècle, renferme les ouvrages suivants : 1° Origenis homiliæ XXVI in libros Josue, latine, ex antiqua versione; 2° Anselmi, archiepiscopi Cantuariensis, tractatus Cur Deus homo; 3° Guitmundi, archiepiscopi Aversani, de veritate corporis et sanguinis Christi libri III; 4° Passio S. Joannis Baptistæ, versibus Leoninis (in-fol. Mss. Bouhier, C. 70). Le troisième manuscrit, qui paraît plus ancien que le précédent, contient un ouvrage de Bede, intitulé : *De ratione temporum et de VI ætatibus mundi* (in-fol. Mss. Bouhier, D. 107). Pour éviter les répétitions, nous avertissons, une fois pour toutes, que, lorsqu'il ne sera pas dit expressément le contraire, les manuscrits cités sont *in membranis*. — [3] Mabillon, *Annales ordinis S. Benedicti*, Lutet. Paris. 1703, 6 vol. in-fol. t. III, p. 164. Voyez aussi *Voyage littéraire*, part. II, p. 261.

diqués dans des bibliothèques qui en contenaient des centaines. D'ailleurs, plusieurs des plus riches dépôts ne sont pas même mentionnés par ces deux savants bibliographes, soit qu'ils en aient ignoré l'existence, soit, ce qui est plus probable, qu'ils n'aient pas pu y pénétrer. Sous ce rapport, les différentes villes de France qui possèdent aujourd'hui des collections de manuscrits ont un avantage incontestable; car, depuis peu d'années, on a vu paraître plusieurs catalogues rédigés avec soin. Sans rappeler les catalogues des bibliothèques de Lyon, de Douai, d'Orléans, publiés depuis déjà assez longtemps, ni de diverses notices spéciales qui ont paru récemment, les manuscrits de Cambrai, de Rennes, de Chartres, de Nîmes, de Clermont, ont été entièrement décrits par les conservateurs de ces bibliothèques. M. Rouard a donné une notice intéressante de la bibliothèque de la ville d'Aix, où les principaux manuscrits sont indiqués avec soin, et ces catalogues, dont on ne saurait assez encourager la publication, témoignent à la fois du zèle des bibliothécaires et de l'intérêt que les villes de province attachent aux richesses bibliographiques qu'elles possèdent. Il est bien à désirer qu'on puisse enfin parvenir à faire connaître aux érudits tous les manuscrits qui existent dans les diverses villes de la France. Un ouvrage de cette nature fournirait de précieux secours à ces savants qui, à l'aide des manuscrits et des documents originaux, cherchent à éclaircir les questions les plus difficiles de l'histoire et de l'érudition.

Quelques personnes pourraient croire que nous formons ici un vœu déjà réalisé depuis dix ans par M. Haenel, que nous avons cité en commençant, et qui a fait paraître, en 1830, à Leipzig, un ouvrage où l'on prétend donner les catalogues des manuscrits des diverses bibliothèques de la France et de plusieurs autres pays. Malheureusement ce livre ne remplit aucune des conditions qui sont indispensables à un catalogue de manuscrits. En effet, les ouvrages de cette nature ne sont utiles aux érudits que lorsqu'ils contiennent une description exacte et fidèle de chaque manuscrit et de toutes les pièces qu'il contient, et qu'ils en donnent l'âge et les circonstances paléographiques et diplomatiques les plus remarquables qui s'y rattachent : car c'est alors seulement que ces catalogues peuvent faire connaître le mérite et l'importance des manuscrits, et que les savants sont mis dans le cas de juger de loin le degré d'intérêt que doit leur offrir tel ou tel volume. On peut affirmer, sans crainte d'être démenti, que, pour former un bon catalogue de manuscrits, il faut posséder des connaissances paléographiques approfondies, et qu'il faut bien connaître la langue ainsi que l'histoire politique et littéraire des nations dont nous possédons les livres. Nous ne voulons pas nous livrer ici à une critique détaillée de l'ouvrage de M. Haenel, qui ne contient le plus souvent que le titre, quelquefois estropié, des manuscrits, sans indication (sauf quelques rares exceptions) de l'âge auquel ils appartiennent, et avec de telles inexactitudes, qu'il est absolument impossible de se fier aux renseignements donnés par l'auteur. Pour abréger, nous ne citerons qu'un seul fait à l'appui de cette assertion. Tout le monde sait que le Tasse appartient exclusivement au XVIe siècle; car ce poëte célèbre naquit à Sorrente en 1544, et mourut à Rome en 1595 : or voici ce qu'on trouve, à son égard, dans le livre de M. Haenel. Cet auteur annonce [1] avoir trouvé dans la bibliothèque de Grenoble un manuscrit du XVe siècle intitulé *Tasso de vulgari eloquio sive idiomate*, et, quelques pages plus loin, parmi les manuscrits de la bibliothèque de Montpellier, il annonce une édition de 1607 du *Mondo creato*, avec des notes marginales et interlinéaires de la main du Tasse[2]. Il est à peine nécessaire de remarquer que le traité de *Vulgari eloquio* est de Dante et non pas du Tasse. Mais comment expliquer cette singulière préoccupation de M. Haenel, qui attribue à la fois au Tasse un ouvrage copié longtemps avant sa naissance et des notes marginales sur un livre imprimé plusieurs années après sa mort? D'après cet exemple choisi exprès dans les écrits d'un homme aussi célèbre, on peut se faire une idée des inexactitudes que renferme l'ouvrage de M. Haenel à propos d'auteurs moins connus : ici c'est Charles V transformé en Charlemagne [3], là c'est le prénom de l'auteur qui est pris pour son nom de famille [4]. Ces im-

[1] Haenel, *Catalogi*, col. 166. Nous avions déjà signalé cette singulière inadvertance (*Journal des Savants*, novembre 1838, p. 685-86). A ce sujet nous ajouterons que la lettre du Tasse que nous avons donnée dans l'article cité (*ibid.* p. 687) a été insérée dans un supplément à l'édition donnée par M. Rosini; supplément qui manquait à l'exemplaire que nous avions d'abord consulté. — [2] « Le sette giornate del mondo creato del S. Torquato Tasso. Viterbo, 1607. 8. c. not. marg. et interl. manu Torquati. » (Haenel, *Catalogi*, col. 235.) — [3] Ainsi, par exemple, parmi les manuscrits de l'Institut, M. Haenel cite, au n° 336, *les Chroniques de France jusqu'à la mort de Charlemagne* : c'est *Charles V* qu'il fallait dire. — [4] Dans le catalogue des manuscrits de la bibliothèque de l'École de médecine de Montpellier, M. Haenel indique, au n° H 382 : *Aniolo trattato del governo della famiglia;* membr. 4°. Or ce manuscrit a pour titre : *Agniolo Pandolfini trattato del governo della famiglia.* M. Haenel a cru que *Agniolo* (Ange) était le nom de famille, et il l'a même estropié. Nous citons ici ce manuscrit, qui était autrefois dans la bibliothèque Albani de Rome, et qui paraît être du commencement du XVe siècle, parce qu'il semble repousser l'opinion de ceux qui, en Italie, voudraient attribuer cet ouvrage au célèbre architecte Brunellesco. Le commencement et la fin de ce manuscrit, qui offre quelques bonnes variantes, sont conformes à l'édition de Pandolfini publiée à Florence en 1734, in-4°. Nous saisissons cette occasion pour remercier M. Kuhnholtz, bibliothécaire de la faculté de médecine de Montpellier, de l'empressement avec lequel il a

perfections seraient, du reste, moins regrettables, si l'on trouvait, dans l'ouvrage de M. Haenel, l'indication, même sommaire, de tous les manuscrits des bibliothèques de la France; mais il n'en est rien. L'auteur, qui ordinairement n'en a indiqué qu'un petit nombre[1], ne nous dit pas par quel principe il a pu être guidé dans son choix, et il faut avouer que, lorsqu'on examine les collections qu'il a visitées, on se persuade bien vite qu'il a, le plus souvent, fort mal choisi. Nous aurons plus loin l'occasion de revenir sur ce point, et nous montrerons alors combien M. Haenel a eu tort de négliger certaines villes, où, d'après des renseignements inexacts, il a annoncé qu'il n'y avait pas de manuscrits, tandis que le contraire était de notoriété publique. C'est ainsi, par exemple, que M. Haenel a avancé qu'il n'y avait pas de manuscrits intéressants à la bibliothèque de Sens[2], où il en existe plusieurs, et où se trouve, entre autres, le célèbre manuscrit de la Messe de l'Ane, dont Millin avait donné la description. Mais tous ces défauts disparaissent devant le plus grave et le plus extraordinaire de tous. M. Haenel ne s'est pas contenté de ne pas donner la description de tous les manuscrits conservés dans les bibliothèques qu'il assure avoir visitées, ni de négliger parfois les manuscrits les plus importants, comme il a fait, à Carpentras, de la grande collection de Peiresc, dont il dit à peine un mot[3], et, à Paris, à l'Institut, des cinq cent quarante-neuf manuscrits si intéressants de Godefroy[4], qu'il réduit à cent vingt-trois et qu'il ne fait que citer en masse, sans entrer dans aucun détail; par une espèce de compensation fort extraordinaire il en a décrit un grand nombre qui n'existaient pas : ce fait, qui doit paraître inconcevable, tient surtout à ce que M. Haenel, n'ayant pas eu soin d'examiner lui-même les manuscrits dont il voulait publier la description, s'en est tenu, le plus souvent, à des catalogues anciens qui ne répondaient nullement à l'état actuel des bibliothèques dont il parlait. C'est ainsi, par exemple, que, sur une cinquantaine d'anciens manuscrits sur vélin[5] dont M. Haenel donne la description dans son article

bien voulu mettre à notre disposition les manuscrits dont il est le savant gardien. C'est à lui que nous devons une notice assez détaillée du manuscrit H 382, que nous venons de citer. Sans insister sur les critiques de détail, nous dirons, en deux mots, qu'il n'y a peut-être pas de page, dans l'ouvrage de M. Haenel, où il n'y ait quelque grave inadvertance ou quelque omission regrettable. — [1] A la fin de son extrait du catalogue de la bibliothèque de Toulouse, M. Haenel dit : « Outre ces manuscrits indiqués, il y en (*sic*) a encore 200-300 vol., mais tous modernes, sur papier, et sans aucun intérêt pour le public. » M. Haenel est-il certain de n'avoir rien négligé dans ces manuscrits ainsi catalogués par centaines? (Haenel, *Catalogi*, col. 480.) — [2] Haenel, *Catalogi*, col. 438. — [3] *Ibid.* col. 117. — [4] *Ibid.* col. 281. — [5] Nous passerons sous silence les manuscrits que M. Haenel annonce comme étant sur

sur la bibliothèque de l'Institut, il y en a quarante, au moins, qui, depuis plusieurs années, ne se trouvaient plus dans cette bibliothèque lorsque M. Haenel la visita. Ici la méprise de M. Haenel est d'autant moins excusable que, dans le catalogue manuscrit qui fut mis entre ses mains, tous les articles qui n'existaient plus portaient, à la marge, le mot *manque*.

Ces observations étaient nécessaires afin de prouver qu'effectivement un catalogue général des manuscrits conservés dans les diverses villes de la France est encore à faire, et pour indiquer dans quelle vue nous avons entrepris ce travail. Nous ajouterons que M. Haenel, qui traite les Français avec si peu de ménagement, et qui si volontiers les appelle Vandales[1], n'a rien fait qui pût lui épargner de si justes critiques.

Nous nous proposons, dans cette Notice, de donner une description sommaire des manuscrits les plus importants qui se trouvent dans quelques villes de province que nous avons visitées récemment. La bibliothèque de Troyes nous occupera d'abord, et nous examinerons ensuite d'autres collections moins nombreuses, mais non moins importantes.

La bibliothèque publique de Troyes a été fondée, en 1651, par Jacques Hennequin, docteur en Sorbonne, qui donna tous ses livres aux Cordeliers de Troyes, à condition que ceux-ci en feraient jouir le public[2]. Le traité fut exécuté; mais, jusqu'à la révolution, il ne paraît pas que la bibliothèque de Troyes ait reçu aucun accroissement notable. A la suppression des ordres religieux, cette collection fut augmentée des bibliothèques de divers couvents, parmi lesquels on doit citer spécialement la maison des oratoriens de Troyes et l'abbaye de Clairvaux, toutes deux également riches en manuscrits précieux. On sait que les oratoriens possédaient une partie des plus rares manuscrits de Pithou. Il y avait, à Clairvaux, tous ceux que saint Bernard et ses

vélin (*membr.*) et qui sont sur papier. Mais nous demanderons, à propos de la bibliothèque de l'Institut, si l'on peut tirer un grand fruit des indications suivantes, qu'on trouve dans l'ouvrage de M. Haenel? — « 26-46. Manuscrits concernant l'histoire ecclésiastique de France.—47-79. Manuscrits concernant le droit public, particulièrement les traités et négociations de France.—245-258. Ouvrages particuliers sur le droit, procédure et procès criminels.—340-371. Tous manuscrits concernant l'histoire moderne de la France.—372-443. Tous manuscrits concernant l'histoire particulière des provinces de France.—204-269. Manuscrits concernant l'histoire de France, » etc. etc. Il y a là des centaines de manuscrits importants indiqués à peine par M. Haenel en quelques lignes. (Voyez Haenel, *Catalogi*, col. 293-297.) — [1] Haenel, *Catalogi*, col. 249. — [2] Grosley, *Vie de Pithou*, Paris, 1756, 2 vol. in-12, t. II, p. 104 et 317.

successeurs avaient réunis, ainsi que les deux mille manuscrits du président Bouhier, qui avait hérité de ses aïeux ou acheté à grands frais les plus anciens manuscrits classiques qui fussent alors en France. Ces diverses collections furent réunies au dépôt central de Troyes, à une époque où l'on ne faisait pas un très-grand cas des manuscrits. Plusieurs disparurent à ce moment, et passèrent, à ce que l'on assure, entre les mains de différents particuliers. Il paraît même que, lors du transport de ces collections à Troyes, quelques caisses furent ouvertes et pillées dans les communes qu'on eut à traverser, et où il s'en trouve encore de fort importants. Cependant, malgré ces pertes, lorsque, plus tard, on songea à faire jouir le public de ces richesses, la bibliothèque de Troyes, sous le rapport du nombre comme de l'importance des manuscrits, était, sans contredit, une des plus considérables de la France.

Cependant, en l'an XII, le Gouvernement nomma commissaires extraordinaires MM. Chardon de la Rochette et Prunelle, pour aller faire un choix dans les dépôts littéraires formés dans les divers départements par suite de la suppression des couvents. Nous devrons revenir plus loin sur une telle mission; pour le moment, nous nous bornerons à faire remarquer que la bibliothèque de Troyes perdit, à cette occasion, environ trois mille cinq cents volumes imprimés et quatre cent soixante-dix-sept ouvrages manuscrits, dont quelques-uns se composaient de plusieurs volumes. Les manuscrits surtout étaient importants; ils allèrent enrichir différentes bibliothèques. On en trouve à Paris et à Dijon; mais les plus précieux furent déposés à Montpellier, dans la bibliothèque de l'école de médecine, qui contient actuellement presque tous les anciens manuscrits classiques qui ont appartenu à Bouhier. Ces derniers manuscrits méritent un examen spécial, et nous leur réservons une place particulière dans notre travail.

Bien qu'appauvrie, la bibliothèque de Troyes contenait encore un grand nombre de manuscrits dignes, à tous les titres, de l'attention des savants; mais, comme l'accès de cette bibliothèque était fort difficile, ces manuscrits, dont M. Haenel annonce n'avoir pu examiner qu'une très-faible partie, furent peu à peu oubliés. Cependant, d'après quelques renseignements que nous devions croire exacts, nous avions formé, depuis quelque temps, le projet de visiter ce riche dépôt, et le moment de réaliser ce dessein étant enfin arrivé, nous avons prié monsieur le Ministre de l'instruction publique de nous faciliter les moyens de pénétrer dans cette bibliothèque pour y étudier ces manuscrits. M. Villemain a bien voulu nous charger d'inspecter la bibliothèque de Troyes, et il a pris en même temps toutes les mesures nécessaires pour que la mission qu'il nous avait confiée pût être remplie sans difficulté. Aussi, grâce à sa bienveillante intervention, nous n'avons rencontré aucun des obstacles qui, à ce que l'on assure, avaient arrêté d'autres visiteurs. Nous avons reçu de M. Vauthier, maire de Troyes, et de M. Harmand, sous-bibliothécaire, un accueil bienveillant et empressé, dont nous garderons toujours un souvenir reconnaissant.

La bibliothèque de Troyes possède actuellement deux mille cent neuf[1] ouvrages manuscrits, dont nous avons formé le catalogue; onze cent soixante-cinq de ces ouvrages se trouvaient déjà inscrits sur l'inventaire dont s'occupe actuellement M. Harmand, et qui n'est jusqu'à présent qu'une ébauche, mais qui, plus tard, lorsqu'il aura reçu tous les développements nécessaires, deviendra, entre les mains de ce zélé bibliographe, un catalogue raisonné fort utile. Nous avons eu à notre disposition le travail de M. Harmand, et nous nous sommes appliqué à le compléter, tant sous le rapport paléographique, pour la détermination de l'âge des manuscrits et pour la connaissance des anciennes écritures, que sous le rapport philologique et littéraire, en cherchant à connaître les ouvrages inédits les plus remarquables que ces manuscrits peuvent contenir, ainsi que les variantes utiles qu'on y rencontre. Quant aux autres neuf cent quarante-quatre manuscrits, dont il n'existait pas même d'inventaire, nous avons dû faire le travail tout entier, et, comme c'est parmi ceux-ci principalement que nous avons découvert des faits intéressants, c'est de ces volumes non catalogués surtout que nous aurons à parler. Tous ces manuscrits ont été examinés un à un par nous, et nous espérons n'avoir pas laissé échapper, dans notre examen, les pièces les plus intéressantes qu'ils contiennent, ni les particularités les plus remarquables relatives à leur histoire. Cependant nous n'avons nullement la prétention de donner un catalogue des manuscrits de la bibliothèque de Troyes; c'est une simple Notice que nous rédigeons. Comme ces manuscrits ne sont pas classés, et que nous citerons seulement les plus remarquables par leur antiquité ou par l'importance des ouvrages qu'ils renferment, nous ne les partagerons pas méthodiquement par ordre de matières, et nous nous bornerons à placer, en général, suivant l'ordre d'ancienneté, ceux que nous devrons citer. Nous avons essayé de déterminer l'âge de ces manuscrits, et, quelle que soit

[1] C'est le nombre de ceux que nous avons pu examiner : cependant, comme nous avons trouvé plusieurs manuscrits (notamment la correspondance de Port-Royal, dont nous parlerons plus loin) hors du cabinet où ils devraient être réunis, nous ignorons s'il n'en existe pas d'autres qui seraient déplacés, et dont nous n'aurions pas eu connaissance.

la difficulté, bien connue des érudits, d'une détermination exacte et rigoureuse, nous espérons ne nous être pas trop souvent trompés dans nos recherches [1].

Sous le rapport chronologique, les manuscrits de la bibliothèque de Troyes peuvent se partager en trois classes. Nous placerons dans la première ceux qui sont antérieurs à saint Bernard, et qui proviennent presque exclusivement des collections de Pithou et de Bouhier. La seconde classe renfermera les manuscrits postérieurs à saint Bernard, mais qui ne descendent pas plus bas que le XVIe siècle, et qui sont sortis, pour la plupart, de Clairvaux, et enfin la troisième sera formée des manuscrits du XVIIe et du XVIIIe siècle, qui, sauf quelques copies qui étaient dans la collection de Bouhier, sont presque tous relatifs à Port-Royal, sans qu'on puisse bien savoir par quel hasard ces manuscrits, qui sont au nombre de plus de trois cents, et qui contiennent les ouvrages des plus illustres religieux de Port-Royal, ainsi que leur correspondance autographe inédite, ont pu être transportés et rester cachés si longtemps dans la capitale de la Champagne.

Les manuscrits de la première classe sont surtout importants pour l'étude de la paléographie et de la diplomatique. Quoique, comme nous l'avons déjà dit, les anciens manuscrits de Pithou et de Bouhier, principalement les ouvrages classiques, aient été, pour la plupart, transportés à Montpellier, cependant il en existe encore un nombre considérable à Troyes, et nous en avons compté plus de vingt qui paraissent antérieurs à la mort de Charlemagne. Le plus ancien est le *Liber pastoralis* [2] de saint Grégoire le Grand, qui avait appartenu à Pithou. Du temps de Grosley [3], ce volume portait une note de la main de Mabillon, où l'on disait que ce manuscrit était contemporain de l'auteur (c'est-à-dire du VIe-VIIe siècle) et probablement autographe. Ce précieux volume étant resté longtemps sans couverture, le feuillet sur lequel se trouvait la note de Mabillon a disparu, et cette note a été

[1] Pour abréger, nous indiquerons simplement en chiffres romains le siècle dans lequel le manuscrit nous paraît avoir été écrit. Quand il y aura doute à nos yeux, nous écrirons deux chiffres séparés par un trait : ainsi, par exemple, IX-Xe s. signifie que l'écriture offre quelques caractères du IXe siècle et d'autres du Xe. Souvent ce double chiffre indiquera que le manuscrit paraît avoir été écrit dans les dernières années d'un siècle ou dans les premières du siècle suivant. En citant les manuscrits, nous nous sommes servi, tantôt de la numération de Pithou et de Bouhier, tantôt de celle de M. Harmand, pour les volumes dont celui-ci a dressé l'inventaire. Lorsqu'il n'y avait aucune marque, nous avons mis une lettre ou un chiffre suivi de la lettre L. — [2] C'est le manuscrit de Pithou J. e. 16. On en trouvera le fac-simile au n° I de la planche jointe à cette Notice. — [3] Grosley, *Vie de Pithou*, t. II, p. 278.

remplacée par une autre beaucoup plus moderne. Quoi qu'il en soit de la conjecture de ce savant bénédictin, ce manuscrit est, sans contredit, un des plus anciens et des plus curieux qui se trouvent en France. Il se compose de 156 feuillets de beau vélin; c'est un petit in-folio ou grand in-4°, de forme presque carrée. L'écriture est en lettres onciales très-régulières; et, ce qui prouve, mieux que toute autre chose, l'antiquité de ce manuscrit, c'est que les annotations assez nombreuses ajoutées à la marge sont toutes en petites lettres onciales. Les titres des chapitres sont en rouge, et il y a quelques-unes de ces capitales qu'on appelle zoomorphiques, parce qu'elles représentent des animaux. C'est un livre qui, sous le rapport paléographique, ferait l'ornement des plus riches collections.

La bibliothèque de Troyes possède plusieurs autres manuscrits du *Liber pastoralis*, parmi lesquels il en est un qui a appartenu également à Pithou, et qui nous semble à peine postérieur d'un siècle à celui que nous venons de citer[1]. Elle possède aussi deux palimpsestes qui nous paraissent du VIIIe siècle. Le premier consiste en un fragment de Térence placé à la fin d'un recueil de Pithou[2], qui renferme d'abord un grand nombre de vies et de légendes de saints[3], et ensuite la version latine[4] faite par Julien des *Constitutiones Novellæ*, manuscrit du XIe siècle, fort important. Après ces ouvrages se trouve un feuillet de parchemin qui n'a été gratté que d'un seul côté, et qui contient une partie de la scène VI de l'acte I de l'Andria avec de nombreuses variantes[5]. Le se-

[1] Mss. Pithou J. e. 17, in-fol. Ce volume contient aussi *Antiquæ collectiones decretalium* (XIVe s.). Le même ouvrage de saint Grégoire existe dans le volume I. e. 20, in-4°, de Pithou, qui renferme les traités suivants : « 1° Sermones S. Augustini de verbis Domini et apostoli (XIIIe s.); 2° Liber S. Johannis Chrysostomi de his verbis : *Neminem posse ledi nisi a se ipso* (XIIIe s.); 3° Liber S. Augustini de credendo Deo (XIIIe s.); 4° Ejusdem tractatus in libro de immortalitate anime (XIIIe s.); 5° Cassiodorus, De anima (XIIIe s.); 6° Liber regule pastoralis Gregorii pape (IX-Xe s.). » Ce dernier ouvrage est incomplet. Nous saisissons ici l'occasion de déclarer que nous avons cru devoir reproduire fidèlement l'orthographe des anciens manuscrits. — [2] Mss. Pithou I. i. 2, in-fol. Ce feuillet sert de garde au volume. Une foule de fragments curieux ont été trouvés dans les gardes, qu'il ne faut jamais négliger, des anciens livres. Un des plus intéressants a été découvert par M. Champollion-Figeac, qui l'a publié sous le titre de *Fragment inédit de la fin du VIIIe siècle, relatif à l'histoire de Charlemagne*, Paris, 1836, in-8°. — [3] La liste de ces vies a été donnée par Grosley (*Vie de Pithou*, t. II, p. 276). La première est la Passion de saint Urbain. Cette partie du recueil appartient à différentes époques : quelques-unes de ces vies ont été copiées au IXe siècle; d'autres sont du Xe et du XIe siècle. Elles sont, en général, fort importantes. — [4] Elle a été publiée à Bâle, en 1576, par François Pithou. C'est par inadvertance que l'on a attribué cette édition à Pierre Pithou. — [5] Les noms des interlocuteurs, dans ce fragment, sont en rouge : nous donnons

cond palimpseste est bien plus considérable. C'est un ouvrage [1] théologique, écrit sur un parchemin assez épais, qui a été gratté d'un bout à l'autre, et sur lequel on a écrit de nouveau, au XIIe siècle, les Épigrammes de saint Prosper d'Aquitaine. Actuellement cet ouvrage est in-8°; c'était un in-4° autrefois, et, par suite de ce changement de format (qui se rencontre souvent dans le palimpseste, et qui n'avait d'autre but que de croiser à angle droit les lignes des deux écritures pour ne pas écrire sur ce qui avait été gratté), les marges ont été rognées de manière à ne pas épargner l'ancienne écriture.

Au VIIIe siècle nous semble appartenir également un manuscrit de

un fac-simile de l'écriture au n° II de la planche. Quant aux variantes, pour en mieux faire comprendre le nombre et l'importance, nous reproduisons ici ce fragment, que nous avons comparé à l'édition de Térence de la collection de Lemaire. Tous les mots qui sont imprimés en italique diffèrent, du moins par leur position, de l'édition de Lemaire. Il est bon de noter avec soin jusqu'aux inversions dans un auteur dont la métrologie présente de si grandes difficultés. Voici ce fragment, reproduit textuellement et avec l'ancienne ponctuation :

Sed *vim ut* queas ferre. PAM. *Adeon* me ignavum putas.
Adeon porro ingratum *aut* inhumanum *aut* ferum.
Ut neque me consuetudo neque amor neque pudor.
Commoveat neque commoneat ut servem fidem.
MYS. Unum hoc scio [a] meritam esse ut memor esses sui.
PAM. Memor essem o mysis mysis &iam nunc mihi.
Scripta illa dicta sunt in animo chrysidis.
De glycerio. Iam ferme moriens me vocat.
Accessi vos semotae nos soli incipit.
Mi pamphile, huius formã atq; a&atem vides.
Nec clam te est quam illi *nunc utraeq; inutiles.*
Et ad pudicitiam & ad rem tutandam sient.
Quod *ego te* per *hanc dexteram* oro et *ingeniũ* tuum
Per tuam fidem perque huius solitudinem.
Te obtestor ne abs te hanc segreges neu deseras.
Si te in germani fratris dilexi loco.
Sive *te haec* solum semper fecit *maxumi.*
Seu tibi morigera fuit in rebus omnibus.
Te isti virum do. amicum. tutorem. patrem.
Bona nr̃a haec tibi permitto & tuae mando fidei.
Hanc mihi in manum dat mors continuo ipsam occupat.
Accepi acceptam servabo. MYS. Ita spero quidem.
PAM. Sed cur tu abis ab illa. MYS. Obstetricem *accerso*
PAM. *Propera* atq; *aud in*verbum unum cave.
De nuptiis ne ad morbum hoc &iam. MYS. Teneo.

[1] Mss. Bouhier F. 11, in-8°.

[a] Dans l'imprimé il y a ici *hanc.*

l'Exposition des psaumes par Cassiodore[1], qui, malheureusement, n'est pas complet. Ce fragment commence au chapitre LI, et, d'après quelques passages que nous avons comparés avec l'imprimé, le texte peut fournir d'excellentes variantes. Pour l'étude des formes de l'écriture et des abréviations employées à cette époque, le manuscrit dont nous parlons, qui est de différentes mains, nous paraît digne de l'attention des paléographes.

Un volume fort ancien, et qui mérite une mention particulière, c'est un commentaire de Bède sur saint Augustin et sur les épîtres de saint Paul[2], magnifique manuscrit de forme presque carrée : Bouhier, qui le possédait, en faisait le plus grand cas, et, dans une note de sa main, il dit que ce manuscrit très-ancien (*codex antiquissimus*) peut servir à corriger, en une infinité d'endroits, les éditions. Ce qu'on doit encore signaler dans ce volume c'est qu'il porte la marque certaine d'une ancienne origine. On trouve, en effet, au commencement, cette inscription en lettres majuscules :

VOTO BONÆ MEMORIÆ MANNONIS
LI BER
AD SEPULCHRUM SANCTI AUGENDI OBLALUS.

Dans les Annales des bénédictins[3], Mabillon parle de ce Mannon, qui fut directeur des écoles palatines sous Charles le Chauve, et qui se retira enfin à l'abbaye de Saint-Oyend, dans le Jura, et non pas en Frise, comme on l'a annoncé par inadvertance. Mabillon avait vu plusieurs des livres offerts par Mannon au tombeau de Saint-Oyend; il en cite quelques-uns, tels que les poésies de Flore et la Chronique de Frédégaire. Mais il ne parle pas de celui-ci, qui est véritablement un des plus beaux qu'on puisse voir. Ce manuscrit a été écrit probablement du vivant de Mannon, ou peu de temps avant sa naissance[4]. Il appartient

[1] Aurelii Cassiodori abbatis Expositio in Psalmos. Mss. Bouhier C. 26, in-fol. Voy. au n° III de la planche, le fac-simile des deux écritures qui sont mêlées dans ce manuscrit. Les citations et les titres des chapitres sont ordinairement en lettres onciales rouges : les capitales sont aussi zoomorphiques. Ce manuscrit est un de ceux qu'on a laissé gâter à Clairvaux. — [2] Ce manuscrit, qui porte actuellement le n° 96, était le B. 16, in-fol. des Mss. Bouhier. — [3] T. III, p. 164 et 304. — [4] Il y a un autre manuscrit avec l'*ex voto* de Mannon à la bibliothèque de Troyes. On en peut voir le fac-simile au n° IV de la planche. C'est un recueil de différents opuscules, qui porte la note suivante, écrite de la main de Bouhier : « In hoc codice continentur : — S. AUGUSTINI, seu potius, ut observaverunt viri docti, VIGILII, episc. Tapsensis, contra Felicianum, Arrianum, de unitate Trinitatis liber. — S. AUGUSTINI Epist. ad Dardanum de præsentia Dei. — Item, epistolæ II ad Volusianum, cum Volusiani epist. ad Augustinum; quæ sunt inter Augustinianas sunt (*sic*) 132, 135, 137 et 187. — Vigilii ejusd.

à la fin du VIIIe siècle ou au commencement du IXe. Cette formule : *Voto bonæ memoriæ Mannonis* pourrait faire d'abord croire que ce livre n'a été offert au tombeau du saint qu'après la mort de Mannon. Mais il existe une foule de documents authentiques qui démontrent que les formules *piæ memoriæ*, *bonæ memoriæ*, *gloriosæ memoriæ*, *etc.* s'employaient, au moyen âge, pour désigner des personnes vivantes, et que même c'était des qualifications que l'on prenait quelquefois soi-même dans les actes publics [1].

Un ancien manuscrit qui doit être cité, c'est l'abrégé, fait par Paul Diacre, et adressé par l'auteur à Charlemagne, du traité de Festus *De verborum significatione* [2] : ce manuscrit paraît du IXe-Xe siècle [3]. Le copiste n'a pas donné tout l'abrégé de Paul Diacre. Quelques lettres manquent entièrement. A la lettre R il n'y a qu'un seul mot qui offre une variante importante [4]. Ce manuscrit mériterait d'être comparé soigneusement avec les imprimés.

Parmi les plus anciens manuscrits de la bibliothèque de Troyes on doit distinguer le commentaire sur l'Évangile de saint Mathieu écrit au IXe siècle par Claude Clément, évêque de Troyes [5]. Le manuscrit paraît

contra Arrianos dialogus, seu altercatio S. Athanasii contra Arrium. — Ejusdem contra Eutychetem libri III priores. — FERRANDI diaconi Epistola ad Fulgentium Ruspens. cum Fulgentii Responsione de V quæstionibus. — FERRANDI ejusd. Tertia opuscula, scilicet Epistola ad Anatolium, diaconum urbis Romæ, de duabus in Christo naturis, etc. Alia ad Severum scholasticum C̄Politanum de S. Trinitate. Alia ad Pelagium et Anatolium, diaconos urbis Romæ, adversus Nestorium et Acephalos. Item Paræneticus ad Reginum comitem : *Qualis esse debeat dux religiosus in artibus militaribus.* — LEONIS papæ I Epistola ad Turibium contra Priscillianistas. — INCERTI expositio initii Evangelii secundum Joannem. — Hic est codex ex quo Petr. Franc. Chiffletius edidit quædam Vigilii, Ferrandi et Fulgentii opuscula. Quemque passim et maxime in notis ad Vigilium, pag. 30, vocat *Jurensem Codicem*, quemque prædicat esse *pervetustum*, *optimæ notæ, et adorandæ vetustatis.* » (Mss. Bouhier E. 28, in-4°.) — [1] On peut consulter, à ce sujet, un mémoire de Grandi inséré dans la *Raccolta d'opuscoli del padre Calogerà* (Venezia, 1733, t. IX, p. 269 et suiv.), et qui a pour titre : *De formulis Bonæ Memoriæ, Piæ Memoriæ, et similibus, ad personas viventes quandoque applicatis.* — [2] Mss. Pithou J. a. 50, petit in-4° oblong. Voyez le fac-simile au n° V de la planche. — [3] A la fin de la lettre H il y a quelques lignes d'une écriture plus récente. — [4] « Rudentes dicuntur funes quibus nautæ vela suspendunt. » On lit dans l'édition de M. Lindemann : « Rudentes restes nauticæ et asini quum vocem mittunt. » C'est là le texte même de Festus. (Lindemann, *Corpus grammaticorum latinorum*, Lipsiæ, 1831, 3 vol. in-4°, t. II, p. 134 et 223.) On trouve dans ce manuscrit, comme dans l'imprimé, ce passage, qui nous fait connaître une signification de *saga* au masculin, que nous n'avons rencontrée dans aucun classique : « Saga quoque dicitur mulier perita sacrorum, et vir sapiens, producta prima syllaba propter ambiguitatem evitandam. » — [5] Mss. Bouhier C. 31, in-fol.

contemporain de l'auteur. C'est un ouvrage considérable : Ussérius a publié une partie de la préface. L'auteur fut nommé évêque par Louis le Débonnaire. Ce Claude Clément était un personnage important. Il combattit les Sarrasins qui avaient pénétré en Piémont, et adopta l'hérésie des Iconoclastes [1].

Nous avons trouvé aussi, dans les manuscrits de Bouhier, un recueil contenant divers ouvrages d'Alcuin et de saint Augustin [2], des pénitentiels et un recueil fort nombreux de canons, où l'on voit diverses ordonnances de Charlemagne et de Charles le Chauve. Ce manuscrit, qui paraît du IXe siècle, doit être signalé aux personnes qui s'occupent de l'histoire du droit.

Pour compléter la liste des plus importants manuscrits qui appartiennent au IXe siècle ou au commencement du Xe, il faut citer :

1° Le commentaire sur les épîtres de saint Paul [3], attribué à saint Ambroise et qui est peut-être d'Hilaire, diacre. Dans ce manuscrit, qui a appartenu également à Bouhier, nous avons remarqué la forme de certaines lettres, qui n'est pas usuelle dans les manuscrits de cette époque ;

2° Un manuscrit qui est sorti de la bibliothèque de Pithou et qui renferme le commentaire de Cassiodore sur les psaumes avec différents traités de saint Ambroise [4];

3° Un volume qui contient un commentaire sur l'exode, par Raban Maur [5], et une exposition sur Job, par un prêtre appelé Philippe. Le manuscrit de Raban Maur est du IXe siècle ; l'exposition sur Job est du Xe ou du XIe.

4° Un manuscrit du IXe-Xe siècle [6], contenant un recueil d'anciens canons par Flore et la *Dogmatica ecclesiastica*, par Gennadius, de Marseille. On croit que ce Flore était diacre de l'Église de Lyon sous Charles le Chauve. Son ouvrage, qu'il a intitulé *Collecta ex sententiis antiquorum patrum*, donne la substance de plusieurs ouvrages qui sont perdus. D'Acheri a inséré quelques fragments de ces *Collecta* dans son *Spicilegium*. Ce manuscrit a été annoté par Chifflet.

[1] Voyez, à ce sujet, Ughelli, *Italia sacra*, Venet. 1717, 10 vol. in-fol. t. IV, col. 1025-1026 ; Fabricii, *Bibl. latina mediæ et infimæ ætatis*, Patavii, 1754, 6 vol. in-4°, t. I, p. 388. — [2] Mss. Bouhier F. 14. in-8°. On trouve, dans ce manuscrit, les *Quæstiones de sancta Trinitate*, par Alcuin. Il y en a quarante-huit, et non pas vingt-huit, comme dans d'autres manuscrits et dans l'imprimé. — [3] Actuellement ce manuscrit porte le n° 432, in-fol. — [4] Mss. Pithou I. e. 8, in-fol. — [5] Mss. Pithou I. i. 6, in-fol. — [6] Mss. Bouhier E. 27, in-4° oblong. Bouhier possédait un autre manuscrit, qui nous paraît un peu moins ancien, du même ouvrage de Flore. C'est le n° E. 37, in-4°.

5° Enfin nous citerons un manuscrit du IXe siècle[1], qui contient les ouvrages suivants d'Alcuin. 1° *Epistolæ* LXXXI. — 2° *De dogmatibus ecclesiasticis liber* I (incipiens : Credimus unum Deum patrem et filium et spiritum sanctum). — 3° *Passio S. Andreæ* (incipiens : Docens et prædicans). — 4° *Expositio missæ Romanæ* (incipiens : Quotiens contra se). — 5° *De Trinitate* libri III. — 6° *De S. trinitate quæstiones* numero XXVIII. — 7° *De ratione animæ ad Eulaliam virginem liber* I. — 8° *Expositio sancti Evangelii* (incipiens : Mathæus sicut in ordine). — 9° *De novo Testamento* (incipiens : Quatuor evangelistæ).

On doit remarquer, à l'égard de ce volume, que le deuxième, le troisième, le quatrième, le huitième et le neuvième traités qu'il contient ne se trouvent pas dans les œuvres d'Alcuin, imprimées à Ratisbonne[2]. Les questions sur la Trinité ne sont qu'au nombre de vingt-huit dans ce manuscrit, comme dans l'édition déjà citée, et non pas de quarante-huit, comme dans le manuscrit de Bouhier, dont nous avons parlé précédemment.

Voilà quels sont les plus anciens manuscrits de la bibliothèque de Troyes. Nous pourrions y joindre le traité *De duratione mundi* par Hilarion, et la chronique d'Eusèbe[3], mais ce manuscrit, qui nous paraît un peu moins ancien qu'il n'a semblé à d'autres personnes, a été déjà signalé à l'attention des érudits, qui savent que cette rédaction de la chronique d'Eusèbe est différente de l'imprimé[4].

Outre ces divers volumes, précieux par leur antiquité et, en général, aussi par leur conservation, il existe plusieurs fragments plus ou moins considérables parmi les volumes de la bibliothèque de Troyes. Ces fragments se rencontrent surtout dans les manuscrits de Pithou[5], car,

[1] Mss. Pithou I. i. 14, in-4°. Outre ce volume, et le n° F. 14 de Bouhier, que nous avons déjà cité, il existe, à la bibliothèque de Troyes, plusieurs autres manuscrits contenant des ouvrages d'Alcuin. Parmi les plus anciens nous citerons le n° P. 40, in-8° (X-XIe s.), le n° 17, L, in-8° (X-XIe s.), le n° F. 2, in-4°, Mss. Bouhier (Xe s.), et le n° α, L, in-8° (XIVe s.). — [2] 1771, 2 tomes en 4 vol. in-fol. C'est l'édition la plus complète. — [3] Mss. Pithou I. i. 12. Voici le titre des ouvrages contenus dans ce manuscrit : 1° *Epistolæ et alia Abelardi* ; 2° *Ejusdem constitutiones regulares sanctimonialium* ; 3° *Quinti Julii Hilarionis de mundi duratione libellus* ; 4° *S. Hieronimi chronicon* ; 5° *R. Dionysii Areopagite opera, ex interpretatione Sarraceni.* — [4] Voyez l'intéressant rapport adressé par M. Ravaisson à M. le ministre de l'instruction publique, et inséré dans le Journal général de l'Instruction publique, du 10 avril 1841, p. 168. Il serait possible que ce manuscrit fût celui que François Pithou communiqua à M. de Pontac et dont parle Grosley (*Vie de Pithou*, t. II, p. 207). — [5] Parmi ces anciens manuscrits incomplets qui ont appartenu à Pithou, nous citerons spécialement le *S. Augustinus de civitate Dei* (I. e. 1, in-fol.), qui paraît du IXe-Xe siècle.

comme nous l'avons déjà dit, les oratoriens, qui en héritèrent, firent souvent relier ensemble plusieurs ouvrages incomplets, et où les matières les plus diverses étaient traitées.

En citant ces divers manuscrits, nous n'avons pas eu la prétention d'en déterminer l'âge d'une manière absolument certaine. On sait combien cette détermination est difficile pour quelques siècles, et particulièrement pour l'époque comprise entre la mort de Charlemagne et la première croisade. Quelques savants ont même prétendu qu'il était absolument impossible de distinguer les manuscrits du IXe siècle de ceux de Xe et du XIe. Les doctes auteurs de la *Nouvelle diplomatique* ont, il est vrai, combattu cette opinion, et ils ont donné des règles pour distinguer les manuscrits de ces différents siècles; cependant, malgré leurs travaux, il reste encore beaucoup d'incertitude à ce sujet, et nous n'avons pas la prétention d'avoir pu déterminer, à cinquante ans près, l'âge des manuscrits dont nous venons de parler. Pour se convaincre de l'incertitude que peut offrir cette détermination, il suffirait, à défaut d'autres preuves, d'examiner le manuscrit n° 154 de la bibliothèque de Troyes, intitulé : *Homiliæ per annum ex libris SS. Patrum collectæ*. Ce volume, qui a appartenu à Bouhier, a été copié par diverses personnes, qui se sont partagé le travail : il appartient très-probablement au commencement du XIIe siècle, et cependant les pages, écrites par différents copistes, offrent de telles diversités, qu'on pourrait supposer qu'elles ont été copiées à deux siècles de distance, et que quelques-unes remontent jusqu'au Xe siècle. Un autre exemple de ces archaïsmes dans l'écriture de certains manuscrits se voit dans une Exposition (en latin) de saint Augustin sur l'Évangile de saint Jean [1], qui est du XIIe siècle, et dans laquelle le copiste a affecté des formes qui donnent à ce manuscrit un air beaucoup plus ancien.

Pour terminer ce que nous avons à dire sur les manuscrits antérieurs à la fondation de la bibliothèque de Clairvaux, nous citerons encore les volumes suivants, un peu moins anciens que ceux dont nous venons de parler.

1° *Liber collationum SS. patrum*. Manuscrit du XIe siècle [2], qui renferme des extraits d'ouvrages qui ne sont pas parvenus jusqu'à nous.

2° *Hieronimus in Job; ejusdem questionum et nominum*. Ce manuscrit, qui paraît être du Xe siècle [3], a appartenu à Pithou. Les oratoriens ont fait relier avec cet ouvrage un manuscrit du XIVe siècle, contenant plusieurs écrits de Cicéron. Grosley, qui le cite, donne à ce manuscrit

[1] 536, in-fol. — [2] Mss. Bouhier E. 25, in-4° — [3] Mss. Pithou I. e. 2.

une antiquité qu'il n'a pas; il ajoute, on ne sait d'après quels renseignements, que ce Cicéron a appartenu à Pétrarque. Ce manuscrit, qui renferme divers ouvrages du grand orateur romain, en contient un intitulé *Ad Hortensium*, où l'on ne trouve autre chose que les deux derniers livres des *Questions Académiques* [1]. La table annonce des ouvrages de Cicéron qui ne sont pas dans ce manuscrit, qu'on a mutilé en différents endroits, et qui ne contient rien d'inédit.

3° *S. Ildefonsi, Toletani episcopi, liber de virginitate B. Mariæ* [2]. Bouhier, qui a possédé ce manuscrit, dit, dans une note, au commencement, que quelques passages du prologue n'ont pas été publiés par Baronius. Ce manuscrit est du x-xie siècle.

4° *Magistri Remigii (Altissiodorensis, ut videtur, monachi), explanatio in lib. Geneseos.*

Dans la première partie du tome quatrième de son *Thesaurus anecdotorum*, Pez a publié une *Explication* de Remi, très-différente de celle-ci. Ce manuscrit, qui est du xie siècle, a appartenu à Bouhier [3].

5° *Haimonis Expositio in Apocalipsim* [4]. Excellent manuscrit du xe siècle, qui a appartenu à Pithou, et qui offre de bonnes leçons pour corriger l'imprimé. On sait que cet Haimon a été disciple d'Alcuin et ami de Raban Maur.

6° *S. Odonis collationum libri.—Carmen de carnis corruptibilitate* [5]. Saint Odon, qui est mort en 961, a joué un grand rôle dans les affaires politiques de l'Angleterre. Ce manuscrit a appartenu à Bouhier, et il est presque contemporain de l'auteur.

7° *Theodulphus de catechumenis et baptizatis. — Expositio misse ex patribus. — Explanatio Adebraldi in benedictionem Jacob. — Liber S. Augustini de videndo Deo. — S. Fulgentii opera. — Macrobii commentaria in Ciceronem de Somnio Scipionis* [6]. Les différents ouvrages réunis dans cet excellent manuscrit appartiennent à diverses époques. Les quatre premiers sont les plus anciens. Le Fulgence est probablement du xe siècle, et le Macrobe paraît être du xie.

Tous ceux qui ont fait des recherches sur le moyen âge connaissent l'importance des ouvrages relatifs à l'histoire ecclésiastique, de ces légendes, de ces *martyrologes*, qui sont souvent les seules sources où il soit possible de puiser pour connaître les événements qui se sont passés dans ces temps ténébreux. La bibliothèque de Troyes contient un très-grand nombre de recueils manuscrits de vies de saints; nous nous

[1] Voyez, à ce sujet, le rapport déjà cité de M. Ravaisson. — [2] Mss. Bouhier E. 85, in-4°. — [3] N° 387, in-fol. — [4] N° 728, in-fol. — [5] Mss. Bouhier D. 19, in-4°. — [6] Mss. Pithou I. 1. 7, in-fol.

bornerons ici à en citer quelques-uns fort anciens, qui nous semblent mériter l'attention des érudits.

1° *Passionale SS. martyrum Felicis, Fortunati, Achillei, Praxedis, Huedosii, Barnabæ, Valerii Lingonensis, Claudii Sempronii, Pantaleonis, Eulaliæ* [1].

Une note de Bouhier, placée en tête de ce Passionnal, dont les diverses parties sont de différentes époques (x^{e}, xie et xiie siècles), annonce que la passion de saint Pantaléon et celle de sainte Eulalie diffèrent de l'imprimé.

2° *Vitæ Sanctorum*. Manuscrit très-considérable du xiie siècle, grand in-folio [2].

3° *Vitæ Sanctorum* [3]. Ce manuscrit, qui a appartenu à Pithou, est à peu près de la même époque. C'est un recueil volumineux d'*Actes* et de *Passions*. Grosley en a donné la liste dans la vie de Pithou [4].

4° *Vitæ Sanctorum* [5]. Ce manuscrit, qui paraît aussi du xiie siècle, est le plus considérable des quatre. Nous donnons en note une description détaillée de ce recueil, qui en prouvera l'importance [6].

[1] Mss. Bouhier D. 65, in-4°. — [2] N. 1. Ce manuscrit contient soixante-trois *vies* ou *passions* de saints. Bien qu'il appartienne à la collection de Clairvaux, dont nous parlerons plus loin, nous n'avons pas voulu le séparer des autres recueils d'*acta sanctorum* mentionnés ici. — [3] Mss. Pithou I. a. 2. — [4] Grosley, *Vie de Pithou*, t. II, p. 280. — [5] N° 7, in-fol. — [6] Voici la liste des *Acta Sanctorum* qui sont dans ce manuscrit, et qui provient de Moutier-la-Celle :

1. Vita S. Silvestri. — 2. Passio Ste Columbæ virginis. — 3. Vita S. Fulgentii. — 4. Vita S. Eugendi abbatis. — 5. Vita Ste Genovefæ. — 6. Vita S. Gregorii, Lingonensis episcopi. — 7. Vita S. Frodoberti. — 8. Vita S. Hilarii episcopi. — 9. Vita S. Felicis episcopi. — 10. Epistola Fausti monachi in vitam S. Mauri abbatis, et vita ejusdem abbatis. — 11. Vita S. Marcelli, papæ et martyris. — 12. Passio SS. trium geminorum Speosippi, Eleosippi, Meleosippi, et beatæ Leonillæ, aviæ ipsorum, et Jonillæ, Neonis quoque et Tribonis. — 13. Vita S. Sulpicii episcopi. — 14. Passio S. Sebastiani martyris. — 15. Passio S. martyrum Marii et Marthæ, sociorumque ejus Audifacis et Abacuc. — 16. Passio Ste Agnetis. — 17. Passio S. Patrocli. — 18. Passio S. Vincentii. — 19. Vita S. Joannis abbatis. — 20. Dialogus discipulorum ejusdem abbatis. — 21. Vita Ste Savinæ virginis. — 22. Vita SS. episcoporum et confessorum Eucharii, Valerii atque Matherni. — 23. Passio S. Ignatii martyris, Anthiochenæ urbis episcopi. — 24. Passio S. Blasii. — 25. Passio S. Agathæ. — 26. Passio S. Valentini episcopi. — 27. Vita Ste Austrebertæ virginis. — 28. Vita S. Albini confessoris. — 29. Passio SS. Philemonis, Apollonii, Theotici et sociorum. — 30. Passio SS. Perpetuæ et Felicitatis et sociarum. — 31. Vita Ste Gertrudis. — 32. Vita S. Ambrosii, Mediolanensis episcopi, a Paulino. — 33. Passio S. Georgii martyris. — 34. Passio S. Marci evangelistæ. — 35. Passio S. Jacobi apostoli. — 36. Passio S. Philippi apostoli. — 37. Passio S. Aureoli subdiaconi. — 38. Vita S. Athanasii episcopi. — 39. Inventio S. Crucis. — 40. Passio S. Alexandri papæ. — 41. Passio S. Victoris. — 42. Passio SS. mar-

Après avoir donné la description des plus anciens manuscrits de la bibliothèque de Troyes, tirés presque tous des collections de Pithou et de Bouhier, nous allons passer à l'examen des manuscrits du temps de saint Bernard, ou postérieurs, que possède cette bibliothèque. Ces manuscrits, qui sont très-nombreux, proviennent, comme nous l'avons déjà dit, en grande partie, de l'abbaye de Clairvaux. La bibliothèque de cette abbaye ne nous fournira pas des manuscrits très-anciens ni très-remarquables. Excepté la Bible dite de saint Bernard (et dont cet homme célèbre s'est servi), et quelques beaux manuscrits donnés à la bibliothèque de Clairvaux par Henri[1], fils de Louis VI,

tyrum Gordiani atque Epimachi. — 43. Passio SS. martyrum Nerei et Achillei. — 44. Passio S. Pancratii. — 45. Passio S. Peregrini episcopi. — 46. Vita S. Fidoli abbatis. — 47. Relatio S. Pastoris de beata Prudentiana virgine. — 48. Passio S. Desiderii, Lingonensis episcopi. — 49. Epistola apologetica Stephani abbatis ad dominum Rotgerium, Cathalaunensem episcopum, de passione S. Urbani papæ et martyris. — 50. Passio S. Urbani papæ. — 51. Vita S. Germani, Parisiensis episcopi, edita a Fortunato episcopo. — 52. Passio SS. martyrum Marcellini et Petri. — 53. Passio SS. martyrum Fotini, Blandinæ, cum sociis eorum, qui apud Lugdunum Galliæ passi sunt. — 54. Passio S. Bonifacii martyris. — 55. Vita S. Medardi episcopi. — 56. Passio SS. Primi et Feliciani martyrum. — 57. Passio S. Barnabæ apostoli. — 58. Passio SS. Gervasii et Prothasii. — 59. Tractatus beati Ambrosii, Mediolanensis episcopi, ad Marcellam sororem suam, de inventione sanctorum corporum Gervasii et Prothasii. — 60. Passio S. Gallicani. — 61. Passio SS. Joannis et Pauli. — 62. Vita S. Marcialis, discipuli S. Petri, quæ celebratur secunda die kal. julii. — 63. Passio Ste Margaritæ. — 64. Vita S. Remigii, Remorum archiepiscopi. — 65. Passio S. Leodegarii episcopi. — 66. Passio SS. Dionisii, Rustici et Eleutherii. — 67. Revelatio quæ ostensa est S. papæ Stephano, et memoria de consecratione altaris SS. Petri et Pauli, quod est ante sepulchrum S. Dionisii. — 68. Passio S. Calixti papæ. — 69. Passio S. Bercharii abbatis. — 70. Passio S. Saviniani et sociorum ejus. — 71. Passio S. Valerii martyris. — 72. Passio SS. Crispini et Crispiniani. — 73. Passio apostolorum Symonis et Judæ. — 74. Passio S. Quintini. — 75. Passio S. Cæsarii. — 76. Vita S. Marcelli, Parisiorum episcopi. — 77. Vita S. Vigoris, episcopi et confessoris. — 78. Passio S. Benigni. — 79. Passio SS. martyrum qui nuncupantur massa candida. — 80. Passio SS. Claudii, Castorii, Symphronii et Nicostrati. — 81. Passio S. Theodorici. — 82. Passio S. Mennæ. — 83. Gregorii Turonensis libri quatuor de miraculis S. Martini. — 84. Vita S. Bricii, episcopi et confessoris. — 85. Vita S. Gregorii, Turonensis episcopi. — 86. Vita S. Aniani confessoris. — 87. Passio S. Ceciliæ virginis. — 88. Passio S. Clementis papæ. — 89. Passio S. Petri, Alexandrini episcopi. — 90. Passio SS. martyrum Agricolæ et Vitalis. — 91. Passio S. Saturnini episcopi. — 92. Passio S. Andreæ apostoli, ejusque miracula. — 93. Vita S. Nicholai, episcopi et confessoris. — 94. Passio S. Luciæ virginis. — 95. Passio S. Eulaliæ virginis. — 96. Passio S. Thomæ apostoli. — 97. Passio S. Anasthasiæ virginis et martyris Pretextati illustrissimi viri. — 98. Passio et conversio Ste Eugeniæ virginis. — 99. Acta S. Joannis apostoli et evangelistæ, cum præfatione Mileti episcopi. — 100. Miraculum de beato Nicolao. » —

[1] Ce prince se fit moine, et mourut archevêque de Reims en 1175. Les manus-

appelé Louis le Gros, roi de France, on aurait de la peine à signaler aux savants d'autres manuscrits précieux par l'antiquité, par la beauté de l'exécution, ou pour le parti qu'on en peut tirer dans des travaux de science et d'érudition. C'est surtout dans leur ensemble que les manuscrits de la bibliothèque de Clairvaux doivent être examinés, et effectivement, ils peuvent donner lieu à des observations intéressantes.

Dans cette collection ce qui frappe le plus, c'est le choix des ouvrages dont elle était composée. Ce n'étaient ni les classiques, ni les ouvrages de science ou d'érudition, ni même les textes des livres sacrés qui en formaient le fonds : c'est à peine si, dans les mille manuscrits, au moins, qui restent encore de l'ancienne bibliothèque de Clairvaux, il se trouve deux ou trois classiques, et encore ce ne sont là que des volumes du XVe siècle, sans aucune valeur. Tant que la règle de saint Bernard resta dans sa pureté primitive, les belles-lettres ne furent guère admises à Clairvaux : les ouvrages didactiques, de grammaire, de logique ou de philosophie, sont très-rares parmi ces manuscrits. Nous n'y avons pas trouvé un seul traité de géométrie. Aristote lui-même, qui avait, au moyen âge, un si grand ascendant, et dont nous rencontrons tant de traductions, de paraphrases dans les manuscrits de cette époque, paraissait exclu de Clairvaux. Il est inutile de dire qu'on ne devait y rencontrer ni ces romans de chevalerie, ni toute cette *gaie science* qui faisait alors les délices du peuple et des grands, et qui servit de base et de point de départ à la littérature moderne. Tout cela était beaucoup trop mondain pour les disciples de saint Bernard. Les livres sacrés n'étaient pas nombreux à Clairvaux, où les Bibles et les Évangiles n'étaient admis qu'accompagnés d'un commentaire, ou, pour mieux dire, perdus dans une glose qui ne laissait plus au lecteur la possibilité de retrouver et de suivre l'ouvrage original.

Ce qu'on trouvait surtout dans cette bibliothèque, c'étaient des *ouvrages pratiques*. A une époque où l'Église exerçait un si grand empire, les moines se trouvaient mêlés à toutes les affaires de la société. Diri-

crits qui ont été donnés par lui à la bibliothèque de Clairvaux sont fort beaux. Ce sont presque les seuls qui méritent d'attirer l'attention pour les arabesques et les capitales dont ils sont ornés. (N° 6, 511, 872, 1083, in-fol.) Un autre manuscrit, qui doit être cité pour l'histoire de l'art, est un évangéliaire qui appartenait au couvent de Sainte-Marie de Troyes, et sur lequel les évêques de cette ville juraient de conserver les droits de ce monastère. Ce manuscrit, du XIII-XIVe siècle, est orné de miniatures, et la couverture, en vermeil sculpté, est un monument intéressant de l'ancienne orfévrerie française (A. XXV, in-fol.).

gées par un petit nombre d'hommes d'élite, les affaires des couvents étaient exécutées par une foule de subalternes, bornés souvent, mais actifs et travaillant sans relâche à augmenter l'influence et les richesses de l'ordre auquel ils appartenaient. C'était là une association (on dirait presque une exploitation) où, tout en travaillant pour la communauté, chaque membre travaillait pour son propre bien-être. Pour que l'exécution répondît toujours à la pensée dirigeante, il ne suffisait pas de l'obéissance passive si rigoureusement imposée dans le cloître, il fallait aussi que les instruments des volontés supérieures fussent parfaitement instruits dans la pratique de leur ministère, et qu'ils pussent trouver, à chaque instant, la solution de toutes les difficultés qu'ils devaient rencontrer dans l'exercice de leurs fonctions. Mais bien peu de ces instruments subalternes étaient doués des facultés nécessaires pour pouvoir décider ce qu'il fallait faire dans chaque cas; et, d'ailleurs, il aurait été dangereux et contraire aux bases de l'organisation de l'Église de laisser trop de place à la liberté individuelle de l'esprit. Il fallait donc multiplier les règles, prévoir tous les cas, et préparer les moyens de succès à tant de religieux qui, laissés sans direction et sans secours, n'auraient été que des membres inutiles de la corporation.

Pour satisfaire à tous ces besoins, on rédigea cette multitude d'ouvrages pratiques dont l'Église primitive n'avait pas besoin, et qui devinrent indispensables à des associations religieuses qui, tout en regardant le ciel, s'occupaient des choses de la terre. Quelles que soient les données que l'histoire nous fournit à cet égard, il serait impossible de se faire une juste idée du point où les hommes qui dirigeaient ces grandes associations avaient poussé la prévoyance; et, pour notre compte, nous devons avouer qu'avant d'avoir examiné les restes de l'ancienne bibliothèque de Clairvaux, nous étions loin de pouvoir apprécier cette prévoyance. C'est là qu'il faut voir par combien d'ouvrages spéciaux on avait cherché à faciliter la tâche de chaque membre du clergé.

Ce qui formait la base de cette bibliothèque, c'était un nombre prodigieux de traités sur l'art de confesser, sur le droit canon, et particulièrement sur les droits des couvents et les priviléges des moines, sur les cas de conscience, sur la liturgie, et, en général, sur toutes les parties *extérieures* de la religion. Les *Ars prædicandi*, les *Themata sermonum*, les *Loci communes sermonum*, existent par centaines dans les manuscrits de Clairvaux. Il faut voir ces anciens *manuels* pour se faire une juste idée du soin que l'on avait eu de rendre élémentaire et accessible aux esprits les moins développés la science nécessaire aux ecclésiastiques. Les *itinéraires* des prédicateurs; les fleurs (*flores*) à répandre dans les sermons, et principalement dans ceux qu'on doit improviser tel ou tel jour; les extraits et les citations des livres saints et des Pères de l'Église, qu'on doit apprendre par cœur pour les introduire dans les sermons; les *Collectanea*, les abrégés de toute sorte, les *Excerpta* des vies des saints, les *Concordances* des Pères, sont multipliés presque à l'infini. Les uns sont distribués par ordre alphabétique[1], d'autres par ordre de matières ou par fêtes de saints. Il fallait un esprit bien obtus pour ne pas savoir improviser un sermon à l'aide de tous ces secours. Mais si, par malheur, on n'y pouvait pas parvenir, il y avait d'autres volumes destinés à suppléer à l'inspiration. Des sermons tout rédigés, et dans lesquels il n'y avait qu'à mettre le nom du saint ou de la fête que l'on célébrait, pouvaient tirer d'embarras quiconque avait un peu de mémoire. Au reste, ce n'était pas seulement l'art du prédicateur qui recevait tant de secours : la célébration de la messe, la manière d'administrer les sacrements, toutes les parties, en un mot, du culte extérieur, de la discipline, de la controverse et du droit canon, étaient expliquées, commentées et enseignées à l'aide d'un très-grand nombre d'ouvrages qui en rendaient la pratique facile. C'était une *bibliothèque spéciale* dans la plus stricte acception du mot : car, dans cette collection si nombreuse, il n'y avait guère de manuscrits qui pussent servir à d'autres qu'à des moines, et surtout à des moines qui voulaient rester étrangers, à la fois, aux chefs-d'œuvre de l'antiquité, à l'histoire de l'Église et du moyen âge, et à la renaissance des lettres.

Si l'on compare la bibliothèque de Clairvaux avec les collections formées, au XIVe siècle, par Charles V et par son frère le duc de Berry, ou avec celles que possédaient les ducs de Bourgogne et les seigneurs de la Gruthuyse[2], on verra combien ces bibliothèques *profanes* étaient su-

[1] Tels, par exemple, que les *Alphabeta narrationum*, les *Concordantiæ per alphabetum, etc.* — [2] Les catalogues de ces collections ont paru. (Voy. la Bibliothèque protypographique, publiée par M. Barrois, Paris, 1830, in-4°, et les Recherches sur Louis de Bruges, seigneur de la Gruthuise, que nous avons déjà citées.) Il en existe encore d'autres qui mériteraient de voir le jour. Le manuscrit A. 53, in-fol. (Bouhier), de la bibliothèque de Troyes, contient, à la page 108, un catalogue des manuscrits de Marguerite de Flandre, plus étendu que celui qui se trouve à la page 110 de la Bibliothèque protypographique. Ce manuscrit est une copie de l'*Inventaire des joyaux et autres biens meubles de feue madame la duchesse de Bourgogne, envoyez en la chambre des comptes, à Dijon, par l'ordonnance de monseigneur reverend pere en Dieu l'eveque de Bayeulx, encloz soubz son signet. Receu en la dicte chambre, le quinzieme jour de decembre mil quatre cens es douze.* Cet inventaire, fort important pour l'histoire des arts, mériterait d'être publié en entier. Quant aux

périeures, par le choix des manuscrits et l'importance des ouvrages, aux bibliothèques des couvents. Dans les deux mille trois cent onze manuscrits possédés par les rois de France et par les ducs de Bourgogne se trouvent presque tous les ouvrages de quelque importance connus à cette époque. Si les classiques latins n'y sont pas très-nombreux, les traductions y abondent, et l'on y voit jusqu'à des princesses faire traduire, pour leur usage particulier, des écrits qu'elles ne pouvaient pas lire dans l'original. Les ouvrages sur l'histoire, sur la géographie, sur la médecine, sur les mathématiques, que l'on rencontre dans ces collections prouvent que ceux qui les possédaient ne négligeaient aucune branche des connaissances humaines. Mais ce qui donne à ces bibliothèques un caractère tout particulier, c'est le grand nombre d'ouvrages français qu'elles renfermaient, et surtout d'ouvrages qu'on pouvait appeler alors de *littérature moderne*. Il n'y a peut-être pas un roman de chevalerie, un poëme, ni un recueil de lais ou de chansons, composés au moyen âge, qui ne se trouvât dans les collections formées par ces princes, qui, prenant ainsi sous leur protection des ouvrages et des écrivains proscrits ou négligés par l'Église, aidaient efficacement à la renaissance et au renouvellement des lettres en France.

Malgré cette tendance des moines de Clairvaux à n'ouvrir les portes de leur bibliothèque qu'à des livres dont ils pouvaient reconnaître l'utilité pratique, cependant il aurait été presque impossible que cette collection si considérable ne renfermât pas quelque ouvrage digne de l'attention des savants. Dans le nombre fort restreint d'ouvrages remarquables que nous y avons rencontrés, nous citerons :

1° Le traité *De Viris illustribus*, par Pétrarque[1]; ouvrage qu'on croyait perdu, et dont un extrait seulement du premier livre a été imprimé. Le manuscrit dont nous parlons contient ce premier livre en entier, et on y trouve, de plus, le second livre inédit, qui renferme la vie de César.

2° Un recueil où se trouvent *Ferculfi Lexoviensis episcopi historiæ prima pars. — Excerpta ex libro Julii Africani, qui primus Latinorum, post Christi adventum, scripsit de temporibus atque ætatibus seculi. — Versus Hildeberti cenomanensis episc. de expositione misse*[2].

3° Un beau *Valère Maxime* du XII-XIIIe siècle, en latin[3]. Dans le même manuscrit se trouvent les lettres des deux évêques Anselme et Higdebert.

manuscrits, nous venons de les trouver dans un ouvrage que vient de réimprimer M. Peignot sous le titre de *Catalogue d'une partie des livres qui composaient la bibliothèque des ducs de Bourgogne.* (Dijon, 1841, in-8°, p. 57 et suiv.) — [1] N° 1042 (XVe s.), sur papier, in-fol. — [2] N° 887 (XIIIe s.), in-fol. — [3] N° 513, in-fol.

4° Enfin plusieurs volumes[1] contenant la table et le sommaire des chartes et des titres de l'abbaye de Clairvaux, ainsi que les recettes et les dépenses de cette abbaye. On sait combien les registres et les cartulaires de cette nature sont devenus précieux depuis la suppression des ordres religieux et la dispersion des titres originaux qui en a été le résultat. Un des répertoires dont nous parlons a été rédigé par dom Perron et dom Toustain.

Outre ces manuscrits sortis de Clairvaux, on pourrait citer encore quelques volumes postérieurs à saint Bernard, et qui ont appartenu à d'autres couvents, ou qui ont été jadis la propriété de Pithou ou de Bouhier. Pour abréger, nous n'en signalerons qu'un très-petit nombre :

1° *Cæsaris rerum Galliarum libri VIII*[2]. Beau monument du XVe siècle, in-folio, écrit en Italie.

2° *Passionale SS. martyrum*[3]. Manuscrit où se trouvent des vies différentes de celles qui ont été publiées par Surius et Ruinart.

3° *Chronica excerpta de medulla chronicarum per Henricum de Mandeburg*[4].

4° *De vita et doctrina Mahumetis cum historia saracenica et Alcorano, translat. a Roberto scolastico*[5].

5° Enfin un volume qui contient l'*Historia Hierosolimitana*, de Jacques de Vitry, la *Chronique de Geoffroy de Montmouth*[6], et plusieurs autres ouvrages, dont Grosley a donné le détail dans la vie de Pithou[7].

Tous les manuscrits que nous avons cités jusqu'ici sont en latin; il en existe cependant plusieurs en d'autres langues à la bibliothèque de Troyes. Parmi les manuscrits français nous citerons :

1° Une traduction, faite au XIVe siècle, du *Traité de la Consolation*, de Boèce, et du *Traité du gouvernement des princes et des rois*, par frère Gilles de Rome[8].

2° Une *Mappemonde spirituelle*, ouvrage mystique rédigé au XVe siècle, et qui peut offrir quelque intérêt aux personnes qui s'occupent de l'histoire de la géographie[9].

3° *La Moralité des nobles et des peuples*, ouvrage traduit du latin, et qui n'est autre chose que le *Jeu des échecs moralisé*[10].

4° Le *Roman de Gérard de Roussillon* et celui des *Quatre fils Aymon*[11].

5° L'*Establissement de saint Louis*[12], manuscrit du XIIIe siècle, ainsi

[1] N°s 730-734, in-fol. sur papier. — [2] Mss. Bouhier D. 52, in-fol. — [3] Mss. Bouhier D. 65, in-4° (XIe et XIIe s.). — [4] N° 400 L. (XVe s.), in-4°. — [5] N° 900 L. (XIVe s.), in-4°. — [6] Mss. Pithou I. o, 3 (XIVe s.), in-4°. — [7] T. II, p. 284. — [8] N° 898, in-fol. — [9] Mss. Bouhier D. 52, in-4°. — [10] Mss. Bouhier E. 150, in-4° (XVe s.), sur papier. — [11] N°s 742 et 743, in-fol. sur papier. — [12] N° 150 L. (XIIIe s.), in-8°.

que les *Conseils de Pierre Desfontaine à un ami*, et quelques anciennes *Coutumes* et *Recueils de lois municipales.*

6° Une copie du manuscrit des *Assises de Jérusalem*, qui se trouve à la bibliothèque du Vatican.

7° Une histoire abrégée de la première croisade, qui n'a que six pages, mais qui semble d'une rédaction fort ancienne [1].

8° Une *Chronique de France*, écrite du temps de Charles VIII. Ce manuscrit, du xve siècle, a été possédé par Pithou [2].

On pourrait ajouter à ces manuscrits la *Chronique d'Alain Chartrier*, ainsi que quelques traductions de classiques latins et de certaines parties de la Bible, faites au xve siècle, qui n'offrent aucun intérêt pour l'étude de la langue française. Nous avions espéré trouver, parmi les manuscrits de Clairvaux, quelques-uns de ces sermons de saint Bernard qu'on a supposé avoir été traduits en français de son vivant; mais nous n'avons rien pu découvrir à cet égard. Il y a bien quelques sermons français parmi les manuscrits de Clairvaux, mais ils sont tous du xve siècle.

On trouve, dans la bibliothèque de Troyes, des recueils historiques en italien; ils contiennent surtout des relations d'ambassadeurs vénitiens [3]. Nous y avons trouvé aussi deux manuscrits grecs : l'un est un psautier sur parchemin, qui a appartenu à Pithou [4], et qui n'a rien de bien remarquable; l'autre est un *Menologium græcum* [5], en papier de coton, qui ne contient que six mois, depuis mars jusqu'à août. Bouhier, à qui il a appartenu, l'appelle *Codex pervetustus et bonæ notæ.*

Nous avons déjà dit, en commençant, que les manuscrits du xviie et du xviiie siècle, de la bibliothèque de Troyes (qui sont, bien entendu, tous sur papier), se composaient de deux parties distinctes : de copies d'anciens manuscrits qui se trouvaient dans la collection de Bouhier, et des papiers de Port-Royal. Il serait impossible de donner une analyse détaillée des manuscrits modernes et fort nombreux qui ont appartenu à Bouhier; plusieurs de ces manuscrits ont été transférés à Paris. Ils se trouvent à la Bibliothèque royale, et il en est, dans le nombre, de fort intéressants; mais la plupart sont restés à Troyes. A l'exemple des Peiresc, des Dupuy et de tous les grands amateurs, Bouhier faisait copier et réunissait les pièces historiques les plus curieuses et les plus rares, les mémoires secrets, les correspondances des hommes célèbres, les registres des parlements, les dépêches des ambassadeurs, tout ce qui pouvait intéresser l'histoire de la France en général, et

[1] Mss. Bouhier E. 17, in-8° (xiie s.). — [2] N° 812, sur papier. — [3] N°s 968, 977, 984, 985, in-fol. sur papier. — [4] Mss. Pithou I. o. 19, in-4° (xve s.). — [5] Mss. Bouhier D. 35, in-4°.

celle de la Bourgogne en particulier. Parmi ces manuscrits il y en a plusieurs qui ont été copiés par Jean Bouhier, père du président. Ces copies, faites par un homme très-instruit, méritent d'être consultées. Quoique, depuis la mort du président Bouhier, il ait été publié un nombre considérable d'ouvrages relatifs à l'histoire de France, cependant ceux qui examineraient avec soin les manuscrits historiques qui ont appartenu à ce savant magistrat trouveraient, sans doute, à y faire une ample moisson [1].

Il faudrait un travail spécial pour rendre compte des manuscrits sortis de Port-Royal qui se trouvent à la bibliothèque de Troyes. Nous avons déjà dit qu'il y a là plus de trois cents volumes qui ne se composent que des écrits des plus célèbres solitaires de Port-Royal, et de leur correspondance autographe. C'est une collection unique et fort précieuse d'écrits qui, sans doute, n'offriraient pas aujourd'hui tout l'intérêt qu'ils excitaient au XVIIe siècle, mais qui sont bien loin de mériter l'oubli auquel ils semblaient condamnés. Personne n'avait jamais parlé de ces manuscrits, et nous avons trouvé les plus importants, qui contiennent la correspondance autographe, relégués dans des endroits où l'on jetterait à peine des papiers absolument inutiles. La plupart de ces manuscrits contiennent des ouvrages de controverse ou des commentaires sur quelques Pères de l'Église; il y a aussi des biographies et de l'histoire littéraire. Ils sont presque tous en français. Ce sont ordinairement des copies faites au XVIIe siècle, et qui, souvent, ont été annotées ou corrigées par l'auteur. Plusieurs de ces manuscrits ont appartenu à Dodart, médecin de Port-Royal, qui fut un des premiers membres de l'Académie des Sciences; mais on ne sait pas si tous viennent de la bibliothèque de ce savant naturaliste, ou bien, si, comme on le suppose, les papiers les plus importants de Port-Royal ont été, au temps de la persécution, cachés à Troyes, ville qui renferma toujours un grand nombre de jansénistes. Du reste, il n'y a pas là seulement des papiers relatifs à Port-Royal: les affaires des jansénistes s'y trouvent jusqu'au milieu du XVIIIe siècle, avec une foule de pièces sur les Convulsionnaires et sur Marie Alacoque. La correspondance se compose d'une trentaine de cartons remplis exclusivement des lettres autographes d'Arnauld, d'Ancelot, de Sacy, de l'abbé de Rancé, de saint Cyran, de la mère Angélique, d'Étemare, d'Hamon, et

[1] Nous nous bornerons ici à citer le volume A. 20, in-fol. qui est un recueil très-considérable de lettres et de traités entre les rois de France, les ducs de Milan et la république de Gênes.

des personnes qui étaient en correspondance avec ces illustres solitaires. C'est là une mine fertile, où l'on pourrait puiser l'histoire secrète de Port-Royal. Nous avons dit que ces papiers si intéressants avaient été relégués dans un coin de la bibliothèque; un seul volume de cette correspondance était relié [1]. Ce livre, qui a appartenu à M. Semilliard, contient des lettres autographes de saint François de Sales, de Nicole, et de plusieurs autres hommes célèbres.

Ni ces correspondances, ni les autres manuscrits relatifs à Port-Royal, ne sont guère susceptibles d'extraits, et on ne pourrait en rendre compte que dans un travail particulier. Cependant nous ne saurions passer sous silence un manuscrit intitulé : Mémoires sur la vie de Pascal, qui contient quelques fragments des mémoires sur Pascal, par Mlle Périer, sa nièce; des lettres de Pascal à Mlle de Roannez ; la correspondance de plusieurs membres de la famille Pascal avec la mère Agnès, avec Arnauld, avec Nicole; des lettres de la duchesse de Longueville, du procureur général de Harlay, et de plusieurs autres personnages célèbres de cette époque. Ce volume contient aussi des pensées de Pascal qui sont peut-être inédites, et fait connaître des faits intéressants sur la vie de ce grand écrivain. Il ne semble avoir été consulté par aucun des auteurs français qui ont tracé la biographie de l'illustre auteur des Provinciales. Cependant il paraît que quelques-unes des pièces que renferme ce manuscrit n'ont pas été inconnues à M. Reuchlin [2], qui vient de publier en allemand une vie de Pascal. Ce recueil pourra être lu et compulsé avec fruit par les éditeurs futurs des ouvrages de l'illustre géomètre français.

Si cette Notice n'était pas déjà si étendue, nous parlerions de quelques autres manuscrits qui se trouvent également à Troyes, mais qui ne sont pas dans la bibliothèque de la ville; pour ne pas trop dépasser les limites que nous nous sommes prescrites, nous ne dirons rien des cartulaires qui se conservent aux archives de la préfecture, ni d'un magnifique manuscrit en lettres d'or, qui est au trésor de la cathédrale, où se trouvent aussi des pierres gravées dignes d'être étudiées [3], et nous nous bornerons ici à former le vœu que, quoique fort imparfaite, cette

[1] N° 1066, in-fol. — [2] Reuchlin, *Pascal's leben*, Stuttgard, 1840, in-8° p. XII, 3, etc. — [3] Ces pierres gravées mériteraient une description particulière. On sait que M. Creuzer a composé un ouvrage pour expliquer les pierres gravées de la châsse de sainte Élisabeth de Marburg. M. Raoul-Rochette, qui, dans le Journal des Savants (février 1838), a donné un extrait si intéressant du livre de M. Creuzer, rendrait un véritable service aux archéologues, s'il voulait s'occuper des pierres gravées de Troyes.

Notice puisse engager les savants à visiter et à examiner avec soin les manuscrits de la bibliothèque de Troyes.

Nous avons déjà dit[1] que MM. Chardon de la Rochette et Prunelle furent chargés, en l'an XII, par le gouvernement, de faire un choix de livres dans les divers dépôts littéraires formés par suite de la suppression des corporations religieuses. Troyes perdit, à cette occasion, plus de quatre mille volumes, imprimés ou manuscrits, dont la plupart se recommandaient, à divers titres, à l'attention des savants. Les manuscrits, sur lesquels nous reviendrons plus loin, se distinguaient surtout par leur antiquité et par l'importance des matières; et, d'après la liste qui se conserve encore à Troyes, on voit que, en les choisissant, les commissaires s'étaient surtout proposé d'enlever tout ce que cette bibliothèque offrait de plus intéressant en fait de manuscrits historiques ou classiques. Quant aux imprimés, on a de la peine à deviner quelle a été la pensée qui a dirigé le choix. En effet, sur la liste des livres pris par les commissaires, à côté des ouvrages les plus magnifiques, tels, par exemple, que le Cicéron d'Olivet (en grand papier, relié en maroquin rouge), la Byzantine complète, également en grand papier, et la Polyglotte de Ximénès, superbe exemplaire de première reliure, on voit figurer les livres les plus insignifiants : *la Pharmacopée d'Amsterdam*, petit volume in-24, *le Jardinier français*, in-16, *l'histoire de la bienheureuse Colette*, in-8°, et plusieurs autres ouvrages, qui n'ont absolument aucune valeur. Par une singularité remarquable, tous ces livres imprimés sont catalogués avec assez de soin, tandis que les manuscrits les plus précieux de Pithou et de Bouhier sont à peine indiqués par le nom de l'auteur ou par le titre de l'ouvrage, sans aucune description qui puisse les faire reconnaître; et certes, en lisant, dans cette liste, des indications de cette nature : *Psalmi Davidis, in-4°; Quintiliani*[2] *declamationes, in-4°*, on ne devinerait pas qu'il s'agit là d'un psautier antérieur à Charlemagne, ni d'un Quintilien du xe siècle. Mais, à cette époque, on commençait à peine à sortir du chaos, et les hommes les plus instruits suivaient encore, sans s'en douter, la tendance générale. Rien ne prouve l'indifférence que l'on avait alors pour les manuscrits, comme une pièce que nous avons trouvée à la bibliothèque d'Auxerre. Dans cette lettre, datée du 9 fructidor an XII, le préfet de l'Yonne écrivait ce qui suit à *son excellence monseigneur le ministre de l'intérieur :*

[1] Voyez plus haut, p. 9. — [2] On sait combien sont rares les anciens manuscrits de Quintilien, et quelle fut la sensation que produisit la découverte faite par Poggio d'un manuscrit de cet auteur plus complet que ceux que l'on connaissait déjà.

« Monseigneur,

« J'ai l'honneur de vous prévenir que je vous adresse, par le coche d'Auxerre, deux caisses pesant 1,088 livres, et contenant des livres et des manuscrits extraits de la bibliothèque de l'École centrale et de quelques dépôts littéraires par M. Prunelle. »

Il est difficile de concevoir quelque chose de plus étrange que ces manuscrits, parmi lesquels, nous le savons, il y en avait de fort précieux, indiqués en bloc et au poids, comme on pourrait le faire pour un ballot de coton ou pour une caisse de sucre : on voit, par cette lettre, qu'après la tourmente révolutionnaire les titres d'excellence et de monseigneur s'étaient relevés plus promptement que l'amour des études et des monuments littéraires.

Au reste, on doit s'empresser de reconnaître que cette nonchalance, que ce défaut de précautions, qui frappent tant aujourd'hui, n'eurent pas, à cette époque, les résultats déplorables qu'on aurait pu en attendre. Ces manuscrits, dont on ne formait aucun catalogue détaillé, et qui étaient expédiés à Paris avec si peu de soin, ont été placés régulièrement dans diverses bibliothèques publiques sans qu'il y ait eu aucune perte irréparable à regretter. C'est là, du moins, notre conviction : elle résulte des recherches nombreuses que nous avons dû faire dans diverses bibliothèques des départements.

La bibliothèque d'Auxerre perdit, à cette occasion, vingt-neuf ouvrages remarquables à plus d'un titre. De ce nombre étaient un des plus anciens manuscrits de Grégoire de Tours, une histoire littéraire de Lyon en sept volumes in-folio, et le grand recueil relatif à l'histoire de France, que Guichenon avait formé; ce recueil, en trente-quatre volumes, fut transporté à Montpellier, et nous aurons l'occasion d'y revenir : il se compose d'une multitude de pièces originales ou de copies de lettres écrites par divers rois et par d'autres personnages célèbres. Il sera consulté avec fruit par tous ceux qui veulent étudier à fond l'histoire de France.

Malgré ces pertes, la bibliothèque d'Auxerre a conservé cent soixante et un manuscrits, qui ne sont point indignes de l'attention des savants. Quelques-uns, parmi lesquels nous citerons la chronique de Clavius ou de Clarius (n° 118), proviennent de Saint-Pierre-le-Vif de Sens. Ce Clarius vivait au commencement du XIIe siècle, et sa chronique, que d'autres ont continuée jusqu'en 1219, s'arrêta à l'année 1106. C'est là un manuscrit intéressant et qui mérite d'être consulté. D'autres manuscrits ont appartenu à l'abbaye de Saint-Germain d'Auxerre : parmi ces derniers nous signalerons à l'attention des érudits un cartulaire (n° 140) du XIVe siècle, qui renferme un grand nombre d'anciens diplômes. Ce cartulaire, que Mabillon et Baluze ont connu, a été cité par Lebeuf dans son histoire d'Auxerre. Du même couvent de Saint-Germain sont sortis tous les manuscrits de dom Viole, réunis, en 1704, par les soins de Mabillon, et déposés actuellement à la bibliothèque d'Auxerre. Les nombreux ouvrages de Viole ont presque tous pour objet l'histoire de cette ville.

On a déjà vu que les manuscrits enlevés aux bibliothèques de Troyes et d'Auxerre furent, en partie, déposés à la Bibliothèque royale, et qu'on transporta les autres à Montpellier. C'est de ces derniers seulement que nous avons à nous occuper. Ils sont actuellement à la bibliothèque de l'école de médecine de Montpellier, riche dépôt qui n'a pas encore été suffisamment exploré, et où se trouvent non-seulement des livres et des manuscrits précieux, mais qui renferme aussi une des plus belles collections de dessins des grands peintres anciens et modernes.

Ce ne sont pas uniquement les bibliothèques françaises qui ont concouru à former cette belle collection : la riche bibliothèque du cardinal Albani de Rome a été aussi mise à contribution, et, si les manuscrits qu'on en a tirés ne se distinguent pas par une grande antiquité, comme ceux qui ont appartenu à Bouhier et à Pithou, ils offrent un autre genre d'intérêt, car on y trouve, en grand nombre, des pièces originales et inédites des plus illustres écrivains de l'Italie. Nous avons déjà eu occasion de parler de quelques écrits inédits du Tasse, que M. Gazzera, secrétaire de l'Académie royale des sciences de Turin, avait trouvés récemment à Montpellier [1]. Les manuscrits Albani qui sont dans cette dernière ville contiennent une foule d'autres ouvrages intéressants, dont plusieurs concernent les sciences et font connaître les travaux de l'Académie des Lincei, société célèbre dont Galilée était le principal ornement, et qui fut promptement dissoute sans qu'on ait jamais bien su quel en était le but. Comme ces manuscrits sont peu connus, et qu'ils renferment des ouvrages fort intéressants pour l'histoire des sciences et des lettres, nous commencerons par en rendre compte, et nous indiquerons plus loin les manuscrits tirés des diverses villes de France.

Nous ne nous arrêterons pas aux manuscrits du Tasse, contenus dans

[1] Tasso, *Trattato della dignità*, Torino, 1838, in-8°, p. 85 et suiv.

les volumes 273, 273 *bis*, 274, 275 et 276 de cette bibliothèque; car M. Gazzera en a parlé longuement. C'est de là que ce savant bibliographe a tiré le Traité de la dignité, qu'on croyait perdu, ainsi que les variantes et les divers fragments de l'auteur de la Jérusalem délivrée, qu'il a publiés. M. Gazzera a mentionné également, dans son ouvrage, plusieurs volumes de correspondances inédites d'hommes célèbres, qui se trouvent dans la même bibliothèque. On y voit grand nombre de lettres de Peiresc, de Gassendi, du père Mersenne, de Carrache, et de plusieurs autres savants et artistes de tous les pays. Parmi les manuscrits qui appartenaient au cardinal Albani, et que M. Gazzera a signalés, il faut citer aussi quinze volumes de lettres et de fragments de la reine Christine. Malheureusement, dans ce recueil ne se trouvent qu'un petit nombre de lettres adressées à cette célèbre princesse, et encore il n'y en a aucune qui soit écrite par un des célèbres philosophes avec lesquels elle entretint une correspondance littéraire. Ce recueil se compose principalement de quelques lettres de princes et de rois, ainsi que de divers fragments et de brouillons des lettres adressées par la reine Christine à un grand nombre de personnes : il n'offre pas tout l'intérêt qu'on pourrait supposer. Ce sont, en général, des lettres écrites pendant le séjour de cette princesse en Italie, et, en les lisant, on voit qu'au lieu de s'appliquer, comme elle faisait auparavant, à la philosophie de Descartes et aux découvertes de Pascal, Christine s'occupait principalement, à Rome, d'affaires privées, dans lesquelles elle se plaisait un peu trop. La correspondance qu'on a imprimée dans les Mémoires de cette reine offre, à notre avis, plus d'importance que celle qui se trouve à Montpellier.

Si les manuscrits relatifs à la poésie et à l'histoire littéraire ont été décrits en grande partie, les manuscrits scientifiques, qui, comme nous l'avons déjà dit, viennent très-probablement de l'académie des Lincei, n'ont jamais été étudiés avec soin. Un des plus curieux est, sans contredit, le n° 190, qui était le n° 930 de la bibliothèque Albani, et qui a pour titre : *Œuvres inédites diverses de Jean-Baptiste della Porta*. L'auteur est ce Porta qui fut si célèbre pour ses connaissances et surtout pour les prodiges qu'il ne cessa d'annoncer dans ses ouvrages. Ce recueil contient divers traités : le premier, intitulé *Thaumatologia*, est dédié à l'empereur Rodolphe : l'auteur y revendique avec force l'invention du télescope. Nous avons déjà dit ailleurs que cette réclamation que Porta n'a cessé de renouveler ne nous semble avoir aucun fondement. A la fin de ce volume se trouve une lettre de Longo, relative à la vie de Vincent Porta, frère du physicien, et savant distingué lui-même. Cette lettre fait connaître des faits intéressants sur une famille qui, à cette époque, a joué un rôle distingué dans les sciences.

Dans les manuscrits du fonds Albani se trouvent divers ouvrages de chimie et d'histoire naturelle. Le n° 176 contient les figures d'un grand nombre de vases et de fourneaux propres à la distillation et aux autres opérations chimiques que l'on pratiquait au XVIIe siècle. Un autre manuscrit du même genre est le n° 493. C'est un volume petit in-4°, intitulé *Tractatus chimiæ*. Le manuscrit sur parchemin est du XIV-XVe siècle. Il y a, au commencement, une table écrite au XVIIe siècle. Ce livre, qui, parmi beaucoup de notions fausses et inexactes, contient quelques renseignements utiles, mérite surtout d'être cité à cause d'un sonnet attribué à Dante, où l'on décrit la manière de faire une grande opération d'alchimie. Nous donnons en note textuellement ce sonnet [1], qui n'est pas certainement d'Alighieri, mais que nous n'avons trouvé mentionné nulle part parmi les écrits attribués à l'auteur de la Divine Comédie.

Il serait trop long de donner une liste complète des autres ouvrages fort nombreux, relatifs à l'alchimie, qui ont passé de la bibliothèque Albani dans celle de Montpellier. Nous nous bornerons à citer deux

[1] MOTIVUM VEL SONECTUM DANTIS PHILOSOPHI ET POETÆ FLORENTINI.

Solvete li corpi in acqua a tutti dicho
Voi che volete fare o sole o luna
Delle du aqque poi pigliate luna
Qual più vi piace et fate quel chio dicho
Datele abere a quel vostro inimico
Senza darli a mangiar cosa neuna
Muto il vederete choverto a bruna
Poi li farete la sua sepoltura
Per intervallo si che si disfaccia (le polpe)
Li nervi lossa et ogni sua giunctura
Poy facto questo facte che si faccia
Dell' acqua terra che sie netta et pura
La pietra harete anchor che altro vi piaccia
Della terra aqqua dell'aqqua terra fare
Cosi la pietra si vuol multiplicare
Che bene intende et pratical sonecto
Signor sera di quello chaltre vigetto.

Dans le n° 479, in-4°, manuscrit qui a également appartenu au cardinal Albani, se trouvent divers ouvrages d'alchimie attribués à saint Thomas.

ouvrages qui concernent l'application de la chimie aux arts. Le premier[1], qui porte la date de 1536, est en italien, et a pour titre : « Recettes obtenues à Murano pour faire les verres de couleur et toutes sortes d'émaux. » Le second ouvrage de chimie appliquée est un *Liber diversarum artium*[2], qui se trouve dans un recueil d'ouvrages sur l'histoire naturelle. Dans ce traité on expose toute la pratique de la peinture. On y décrit la manière de préparer les couleurs, de les fixer sur le papier, et d'y fixer l'or et l'argent, et l'on y enseigne à peindre sur le verre et sur les métaux. Les procédés employés par les anciens peintres sont si peu connus, les ouvrages où l'on en parle sont si peu nombreux et si imparfaits, que nous avons cru faire plaisir à ceux qui s'occupent de l'histoire de la peinture, en leur signalant ces deux manuscrits, où sont décrites plusieurs pratiques utiles et presque inconnues de nos jours[3].

Les ouvrages d'histoire naturelle abondaient parmi les manuscrits du cardinal Albani; un recueil de pièces contenu dans le volume n° 170 renferme des lettres de Peiresc et de Cesi, président de l'académie de Lincei, sur le bois fossile. Les n°s 505, 506, 507, 508 contiennent la relation autographe d'un voyage scientifique entrepris au commencement du XVIIe siècle et adressé aux Lincei par Heckius. Cet ouvrage, qui est rempli de figures de toute sorte, nous a semblé fort intéressant : il a appartenu aux Lincei, auxquels il est dédié, et dont il porte encore l'estampille. L'auteur voulait cacher aux yeux du vulgaire ce qu'il écrivait; aussi un de ces volumes est en lettres arabes[4], et l'autre est en ces caractères qu'on pourrait appeler alchimiques, ou presque alchimiques, parce qu'on y rencontre plusieurs de ces figures dont se servaient, au moyen âge, les alchimistes, pour désigner certains corps. Ce fait semblerait confirmer l'opinion de ceux qui pensent que l'aca-

[1] *Ricette per far vetri colorati et smalti d'ogni sorte havute in Murano*, 1556. N° 486, in-4°, sur papier. — [2] N° 277, in-fol. (XIV-XVe s.) — [3] On sait que, dans le second volume de ces antiquités (vol. 366), Muratori a publié d'anciens documents relatifs à la partie pratique de la peinture. — [4] Les caractères sont arabes, mais l'ouvrage est écrit en latin. Voici le commencement du titre :

ينيفريس اد سبمرتم
ترينكلس فركاتوس

Ce n'est pas là, on le sait, le premier exemple de l'emploi des lettres de l'alphabet arabe pour écrire en latin.

démie des Lincei était une société secrète. Heckius a été un des membres les plus actifs de cette académie : le rédacteur de cette Notice possède un recueil de machines et des comédies manuscrites (singulier assemblage!) composées par cet auteur, en latin, à l'âge de douze ans.

Plusieurs relations de la célèbre éruption du Vésuve de 1631 se trouvent dans le manuscrit n° 483. Une de ces relations est de ce marquis Manso qui fut l'ami du Tasse, et dont on ne savait pas qu'il se fût appliqué aux sciences ; une autre est de Suarès, bibliothécaire du cardinal Barberini. Le n° 319 contient un grand nombre de pièces de Liceti, de Severini, et d'autres savants, sur divers points d'histoire naturelle. Entre autres dissertations il y en a une sur les pierres à champignons et sur le caméléon.

Les manuscrits relatifs à la géographie et aux voyages abondaient dans la bibliothèque du cardinal Albani[1], qui avait pu puiser dans les archives de la Propagande. Les n°s 98, 100, 101, 102 et 104 contiennent diverses relations de voyages faits par des missionnaires, en Afrique, en Asie et en Amérique. Quelques-uns de ces manuscrits sont autographes. Ces relations ont beaucoup d'importance, car on sait que les missionnaires ont parcouru autrefois des régions où il est difficile de pénétrer aujourd'hui.

Il serait facile d'augmenter cette liste, mais nous croyons devoir nous arrêter ici, car nous n'avions pour objet que d'indiquer rapidement et de signaler aux érudits les principaux manuscrits qui proviennent de la bibliothèque Albani. Nous préférons indiquer quelques-uns des plus anciens manuscrits qui ont appartenu à Bouhier et à Pithou, et qui se trouvent à la bibliothèque de Montpellier.

Nous avons déjà dit que cette bibliothèque est riche en manuscrits d'auteurs classiques. On doit citer, d'abord, un Horace du IXe siècle[2]. Cet Horace, qui a appartenu à Pithou, et qui, au commencement, est accompagné d'un commentaire et mérite une attention particulière, car

[1] Il y a aussi à Montpellier un magnifique atlas manuscrit sur vélin (n° 70, in-fol.) du commencement du XVIe siècle, qui était autrefois à Auxerre. Dans l'épaisseur de la reliure de cet atlas se trouve une ancienne boussole. M. Haenel (*Catalogi*, col. 232) dit que ce manuscrit est du XIVe siècle; mais, comme on y voit l'Amérique et le détroit de Magellan, sans la côte du Chili, cet atlas ne peut appartenir qu'à la première moitié du XVIe siècle. Un autre manuscrit de géographie qui se conserve à Montpellier, c'est la traduction en italien de la géographie arabe imprimée à Rome en 1592. Cette traduction, qui est due à Baldi, abbé de Guastella, porte actuellement le n° 299. Avant notre voyage à Montpellier, ce manuscrit avait déjà été signalé à notre attention par notre savant confrère, M. Quatremère. — [2] C'est le n° 425, in-4°.

on sait combien sont rares les anciens manuscrits de ce poëte. Mais ce qui le rend encore plus intéressant, c'est une particularité que nous n'avions jamais vue nulle part. L'ode à Phyllis, qui commence par ce vers :

Est mihi nonum superantis annum,

est ici en musique. Les notes sont petites et de forme rectangulaire. C'est là un exemple fort singulier et très-rare d'ancienne musique profane; et, comme il est peu vraisemblable qu'au IXe siècle on mît en musique et que l'on chantât les odes d'Horace, on est porté naturellement à croire que cette musique existait dans un manuscrit plus ancien, d'où celui-ci a été copié, et que c'est peut-être là l'air sur lequel les Romains chantaient cette ode [1].

Parmi les manuscrits classiques de cette bibliothèque, nous citerons aussi un Lucain [2] du Xe siècle, qui a appartenu à Bouhier et dont le texte paraît fort bon. On y rencontre des variantes intéressantes, et l'on peut y remarquer l'absence d'un certain nombre de vers, qui semblent avoir été postérieurement ajoutés à la Pharsale. A la fin de ce manuscrit on lit : *Paulus Constantinopolitanus emendavi manû mea solus;* mais, comme ces mots sont de la même écriture que le reste du manuscrit, il est évident que le copiste les a tirés d'un manuscrit plus ancien. Cependant cette note, dans un manuscrit de cette époque, prouve que le texte mérite d'être consulté comme provenant d'un manuscrit corrigé et encore plus ancien.

Un autre manuscrit, dont le texte doit être pris en très-grande considération, comme ayant été copié sur un autre manuscrit qui remonte à une haute antiquité, c'est un recueil [3] qui a appartenu à Bouhier et qui contient le *Nonius Marcellus de proprietate sermonum* et les satires de Perse. A la fin du Perse on lit la note suivante : FLAVII JUL. TRĒ. N̄N̄. SABINI. VIPŌTECTOR DOMESTICUS TEMPTAVI EMENDARE SINE ANTIGRAFOME... ET ADNOTAVI BARCELLONE CSS[s]. DO[s]. NN[s]. ARCKADIO ET HONORIO Q[s].

Cette note est en petites capitales, et Bouhier, entraîné peut-être par le prix qu'il attachait à ce volume, a cru qu'elle déterminait l'âge du manuscrit; car il y a fait mettre un faux titre daté de 1721, avec cette

[1] Il y a un autre manuscrit d'Horace du X-XIe siècle (sur vélin, petit in-fol. obl.) à la bibliothèque de Montpellier. Cet Horace est aussi accompagné d'un commentaire; mais il n'est pas complet. — [2] N° 113, in-fol. vél. Il y a deux autres manuscrits de Lucain dans la même bibliothèque : l'un (le n° 329, in-4° oblong) est du XIe siècle; l'autre (le n° 362) est du IX-Xe siècle. Ils sont tous deux accompagnés d'un commentaire, et ont appartenu à Pithou. — [3] N° 212, in-4°.

indication : *Codex ante* MCCXL *annis exaratus*. Cela le ferait remonter au ve siècle, et il y aurait peu de manuscrits au monde aussi précieux que celui-ci. Mais il suffit d'ouvrir ce volume pour s'apercevoir que l'écriture, qui est une minuscule assez forte, est du xe siècle. Évidemment Bouhier a été induit en erreur par la note que nous venons de citer, et il n'a pas pu résister au plaisir de se croire possesseur d'un manuscrit classique du ve siècle [1].

Cependant ce volume nous paraît digne d'un grand intérêt, et, s'il ne remonte pas à une époque aussi reculée, tout annonce qu'il a été copié sur le manuscrit même corrigé par Trifonien [2]. Parmi les différentes circonstances qui nous portent à faire cette supposition, et qui résultent de l'examen attentif du manuscrit, nous n'en indiquerons qu'une seule. Une note semblable à celle que nous avons reproduite se trouve aussi à la fin du Nonius Marcellus; mais ici elle est placée à la marge, et l'écriture, toujours en petites capitales, est fort irrégulière. N'est-il pas très-probable que, par défaut d'espace, Trifonien avait dû mettre à la marge son premier *emendavi*, et que, gêné par le peu de place dont il pouvait disposer, il l'a écrit avec une irrégularité que le copiste s'est efforcé d'imiter, comme il a imité la forme des lettres. S'il y avait eu plusieurs copistes successifs, il est très-probable que toute trace de l'écriture primitive et de la disposition irrégulière des lettres aurait disparu.

Le Nonius Marcellus contient, dans un ordre différent cependant, tout ce que nous connaissons aujourd'hui de cet auteur, excepté le traité *De indiscretis generibus*, et celui *De numeris et casibus*. Comme nous venons de voir que la source de ce manuscrit est très-ancienne, il serait permis de supposer que ces deux écrits, attribués à Nonius Marcellus, sont apocryphes. Le texte de ce manuscrit nous semble excellent; il y manque beaucoup d'exemples, qui paraissent ajoutés par des grammairiens du moyen âge. Le Perse est accompagné d'un commentaire marginal et interlinéaire de la même époque, qu'il faudrait lire avec attention et comparer avec le commentaire sur ce poëte qui se

[1] Les méprises de ce genre ne sont pas très-rares. Le manuscrit 108 (in-fol.) de la bibliothèque de Dijon, qui contient le traité *De Trinitate*, par saint Augustin, est certainement du xie siècle; et cependant il est indiqué, sur les gardes, comme étant de l'année 559, à cause de la note suivante, que le copiste a tirée d'un manuscrit plus ancien, et qui se lit à la fin : « Emendavi, ut potui, imperatore domno Iustiniano, anno tricesimo tercio, ind. VII, VI K̅l̅ Iunias, in provincia Campania, in territorio Cumano, in possessione nostra Acherusio. » — [2] C'est le nom que, en comparant la note précédente avec la note marginale placée à la fin du Nonius Marcellus, Bouhier donne au correcteur de l'ancien manuscrit.

trouve dans le manuscrit n° 125 de la même bibliothèque. Ce dernier volume, qui a appartenu à Pithou, est un in-folio également du IXe siècle, où sont réunis Juvénal et Perse. En le parcourant, nous y avons rencontré des variantes dignes de remarque.

Un Virgile du Xe siècle[1], avec commentaire, qui a appartenu à Bouhier, et qui, précédemment, était sorti de la bibliothèque des d'Urfé, semble devoir être signalé à l'attention des érudits: tous les ouvrages de Virgile se trouvent réunis dans ce volume, et ils sont accompagnés de ces pièces de vers et de ces arguments attribués à Auguste et à Ovide, qu'on rencontre souvent dans les anciens manuscrits du poëte de Mantoue. Nous citerons aussi un manuscrit du XI-XIIe siècle[2], des Institutions de Quintilien. Bien que ce volume, qui a appartenu à Pithou, ne soit pas complet, cependant, à cause de la rareté des manuscrits de Quintilien, on doit le ranger parmi les plus précieux de cette bibliothèque. Les *Déclamations*, attribuées à Quintilien et à Sénèque, se trouvent à Montpellier dans deux manuscrits[3], dont l'un, qui vient également de la bibliothèque de Pithou, est du IX-Xe siècle. On pourrait signaler aussi un recueil[4] qui contient, entre autres choses, un Salluste du Xe siècle; un autre recueil[5], qui a appartenu à Pithou, et où se trouve l'Agriculture de Palladius, manuscrit du IX-Xe siècle; un Cicéron *De inventione*, du XIe siècle[6]; un Macrobe du IXe siècle[7], que nous mentionnons simplement, en engageant les éditeurs futurs de ces écrits classiques à ne pas négliger les manuscrits de Montpellier. Un recueil qui, à tous les titres, mérite l'attention des savants, c'est le n° 141. Ce manuscrit, qui a appartenu à Bouhier, paraît être du commencement du IXe siècle. Il contient divers ouvrages d'Alcuin, un commentaire sur les épîtres de saint Paul, quelques écrits anonymes, et un *Disputatio Sylvestri papæ I cum Judæis in concilio Romano habita.* Au feuillet 49 de ce dernier ouvrage commence un palimpseste. On s'aperçoit facilement que, dans les feuillets grattés, il y a une partie de Priscien; mais ce qui semble bien plus important, c'est qu'il y a aussi des fragments du traité de Pompeius Festus, *De verborum significatione;* on sait que nous n'avons que des fragments de cet ouvrage si intéressant pour l'histoire de la langue latine, et il y a lieu d'espérer qu'un examen attentif de ce palimpseste fera découvrir quelques passages inédits.

A la suite de ce palimpseste, qui paraît devoir nous faire connaître plus complétement un des grammairiens latins les plus importants,

[1] N° 253, in-fol. vélin. — [2] N° 336, in-4°. — [3] N° 216, in-4°, et 226, in-4°. — [4] N° 360, in-fol — [5] N° 305, in-4°. — [6] N° 213, in-fol. — [7] N° 225, in-4°.

nous citerons aussi un autre recueil[1] qui a appartenu à Pithou, et qui contient divers grammairiens latins, dont quelques-uns sont peut-être inédits. Ce manuscrit important paraît du IXe siècle, excepté un commentaire sur les épîtres de saint Paul, qui se trouve à la fin et qui est du XIIIe. Entre deux grammairiens on a placé une espèce de commentaire sur Virgile : il est bon d'en citer le commencement, qui montre jusqu'à quel point des écrivains du IXe siècle, ou d'une époque antérieure, pouvaient ignorer l'histoire romaine.

« Tempore illo gubernante Iulio Cesare imperium regnavit Brutus Casius super XII plebes Tuscorum et exhortum est bellum inter Iulium Cesarem et Brutum Casium cum quo Virgilius erat superaturque Brutus a Iulio post hoc Iulium occiditur a senatu scabellis suppedaneis. »

Cette Notice se changerait en un catalogue détaillé et complet des manuscrits de la bibliothèque de l'école de médecine de Montpellier, si nous voulions essayer de décrire tous ceux qui méritent, à divers titres, d'exciter l'attention des savants. Après les auteurs classiques on pourrait citer un très-grand nombre d'écrivains ecclésiastiques, de vies de saints, de recueils de canons et de lois, tous antérieurs au Xe siècle. Un volume du IXe siècle, qui a appartenu à Pithou, et au commencement duquel on lit : *In hoc corpore contenetur tota lex romana*[2], a été examiné avec soin par M. Pardessus, qui s'est occupé spécialement du texte de la loi salique, qu'on y trouve à la suite de divers extraits tirés des jurisconsultes romains. Parmi les anciens monuments historiques, nous nous bornerons à citer un manuscrit[3] du IX-Xe siècle, de Grégoire de Tours, et un recueil du Xe siècle, qui contient les collections de Frédégaire, avec divers extraits relatifs à l'histoire de France.

Les romans de chevalerie, les anciens monuments de la poésie française, sont si nombreux dans cette bibliothèque, qu'il est impossible de nous y arrêter. Nous n'en citerons qu'un seul, remarquable à plus d'un titre : c'est un recueil de chansons en latin et en français, écrit, au XIVe siècle, avec la musique notée[4]. Parmi ces chansons il y en a de fort jolies. Ce manuscrit, qui a appartenu à Bouhier, se distingue aussi par l'exécution calligraphique. Il est accompagné d'un

[1] N° 358, in-4°. — [2] N° 136, in-fol. Il y a un autre manuscrit (du IXe siècle) de la loi salique à Lyon (n° 203, in-fol.); il mérite d'être consulté. Voyez aussi le n° 193 de la bibliothèque d'Orléans (du IXe siècle, in-fol.), où se trouve, vers la fin, un *Excerpta de libris Romanis et Francorum*, qui commence ainsi : « Si quis homicidium ex intentione commiserit, ancellas III, servos III reddat, securus fiat. » Le volume se termine par une loi sur les épaves, dont voici les premiers mots : « Marina animalia ad littora delata. » — [3] N° 360, in-fol. — [4] N° 196, in-4°.

grand nombre de petites miniatures, où sont représentés divers jeux.

Il n'y a guère de manuscrits, dans cette riche collection, où l'on ne puisse remarquer au moins quelque particularité intéressante. A l'appui de cette assertion il suffira de citer un psautier[1] du VIIIe siècle, à la suite duquel se trouvent des litanies avec des prières pour le pape Adrien, pour Charlemagne et pour les membres vivants de la famille impériale. Dans ces prières on rencontre un exemple remarquable de l'emploi répété des pronoms *lo* et *los*, qui devaient bientôt se transformer en articles. On y lit en effet :

« Adriano summo pontifice et universale papae vita. — Redemptor mundi tu lo iuva. »

. . . .

« Pipino et Karolo filius eius vita. Scī illius quaī volueris tu los iuva. »

Ce manuscrit, que Bouhier a possédé, pourrait donner lieu à d'autres remarques. Je me bornerai à signaler la note si singulière, pour le mélange des caractères grecs et romains, comme pour l'orthographe et pour la forme des lettres, qui se trouve à la fin du psautier, ainsi que deux figures placées au commencement, et qui sont un curieux spécimen de l'état des arts à cette époque.

A propos des manuscrits de la bibliothèque Albani qui sont à Montpellier, nous avons parlé précédemment de plusieurs correspondances littéraires dignes d'intérêt. Un manuscrit, qui a appartenu à Bouhier, et que nous avons examiné récemment à Montpellier, nous semble mériter une mention particulière : c'est la correspondance du cardinal du Bellay avec les personnages les plus célèbres du XVIe siècle[2]. L'histoire politique et littéraire de cette époque peut être éclaircie, en beaucoup d'endroits, par cette correspondance volumineuse, où l'on trouve des lettres de Henri II, de François II, de Catherine de Médicis, du roi de Pologne, de Châtillon, du connétable de Montmorency, de Diane de Poitiers, de la duchesse d'Étampes, de Rabelais, de Sadolet, etc. etc. Nous extrairons trois lettres de cette correspondance dont la publication complète aurait, à nos yeux, un grand intérêt. La première est écrite par Rabelais dans la détresse, et réduit au désespoir, qui implore la pitié du cardinal. Voici cette pièce :

« Monseigneur,

« Si, venant ici, M. de Sainct Ayt eust eu la commodité de vous

[1] N° 409, in-4°. — [2] N° 24, in-fol. Il existe à Dijon un autre manuscrit de cette correspondance.

saluer à son partement, je ne fusse de présent en telle nécessité et anxiété, comme il vous pourra exposer plus amplement. Car il me affermoit que estiez en bon vouloir de me faire quelque aulsmone, advenant qu'il se trouvast homme seur venant de par deça. Certainement, Monseigneur, si vous ne avez de moy pitié, je ne sache que doibve faire; sinon, en dernier desespoir, me asservir à quelqu'un de de par deçà avec dommage et perte évidente de mes estudes. Il n'est possible de vivre plus frugalement que ie fays, et ne me sauriz si peu donner de tant de biens que Dieu vous a mis en mains, que je...... en, vivotant et me entretenant honestement comme i'ay fayt jusques à present pour l'honneur de la maison dont i'estois issu à ma departie de France. Monseigneur, je me recommande très humblement à vostre bonne grâce, et prie Nostre Seigneur vous donner en parfaicte santé très-bonne et longue vie.

« De Metz, ce 6 de février.

« Vostre très humble serviteur,

« François Rabelais, medecin[1]. »

La seconde lettre est adressée par du Bellay à la duchesse d'Étampes, maîtresse de François Ier. Elle est fort belle. Le cardinal veut porter

[1] On sait que les lettres de Rabelais n'étaient pas toujours empreintes de cette tristesse. Voici ce qu'il écrivait un jour à propos de Borgia et de ce Pierre-Louis Farnèse, dont Varchi nous a tracé les monstrueuses turpitudes:

« Monseigneur,

« Vous me demandez si le seigneur *Pierre-Louys* est légitime fils ou bastard du pape? Sçachez que le Pape jamais ne fust marié. C'est-à-dire que le susdit est véritablement Bastard. Et avoit le pape une soeur belle à merveille, on monstre encore de présent au Palais en ce corps de maison auquel fust les Sommistes, lequel fist faire Pape *Alexandre* une Image de Nostre Dame, laquelle on dist avoir esté faite à son portraict et ressemblance. Elle fut mariée à un gentil-homme, cousin du seigneur *Rance*, lequel estant en guerre pour l'Expédition de Naples, ledit Pape Alexandre****; et ledit Seigneur Rance du cas acertaini, en advertit son dit cousin. *Luy remonstrant, qu'il ne devoit permettre telle injure estre faite en leur famille par un Espagnol Pape. Et en cas qu'il l'endurast que luy-mesme ne l'endureroit point.* Somme toute il le tua. Auquel forfait le Pape fist des doléances: lequel pour appaiser ses griefs et deuil, le fist Cardinal estant encore bien jeune, et lui fist quelques autres biens.

« Auquel temps entretint le Pape une Dame Romaine de la Case Ruffine, de laquel il eut une fille qui fut mariée au Seigneur *Bauge*, comte de *Sancta-Fioré*, qui est mort en cette ville depuis que ie y suis. De laquelle il a eu l'un des deux

la duchesse à protéger le chancelier Poyet, alors accusé et en grand danger. Pour cela, il lui dit que, comme Poyet les a offensés tous les deux, il ne craint pas de prendre l'initiative et de la solliciter en sa faveur. Il fallait de la générosité et du courage pour prendre ainsi la défense d'un homme menacé du dernier supplice, et le cardinal donnait une grande marque d'estime à la duchesse en l'engageant à s'unir à lui pour tâcher de sauver leur ennemi commun. Malheureusement, dans cette lettre, il y a un mot qui fait tache, et l'on ne voit pas sans peine un homme d'église écrire à la maîtresse en titre d'un roi, qu'elle a, auprès de son amant, *d'autres moyens de persuasion* que les raisons qu'il lui dira. Voici cette lettre, dont il ne faut considérer que le beau côté :

« A MADAME LA DUCHESSE D'ESTAMPES.

« Madame,

« Si le chancellier Poyet ne m'avoit jamais fait de mal, je n'entreprendrois à cette heure si volontiers de vous escrire pour luy, qu'il a si souvent et si griefvement offensée; mais ces deux raisons me induisent, ou, pour mieux dire, me contraignent, en ce saint temps qui ne peut que rappeler à touls chrestiens la volunté et l'exemple de leur chef, de vous supplier très humblement croire, en plus grande affection que jamais en autre chose vous aye supplié et requise, non d'avoir pitié de luy pour luy ayder au vray but de son affaire qui se va présenter, car c'est chose que jamais, ne à tort ne à droit, ne refusastes à aucun, mais qu'il vous plaise avoir l'œuil et chercher de vous mesmes tous les moyens que pourrez pour induire le roy à la mesme compassion que vous en aurez. Ledit seigneur ne pourra tant rabattre de la rigueur de justice quy luy aura été servie, que le pauvre homme ne soit bien affligé, ne si peu qu'il ne demeure obligé de ce quy luy a rendu obligation. Pour l'honneur de Dieu, Madame, faites, que aprez le roy vous aurez la plus grande partie. Quand j'auray parlé à vous, je suys seur que vous exaucerez ma requeste, l'accompagnant des raisons que je vous diray. Mais vous pouvez avoir autre moyen de persuasion que ce qu'en faut pour un peu de papier. Je vous supplie bien humblement croire que ce n'est sans très grande raison, et bien digérée, que je fais cette requeste. Et là où il n'y aurait à modérer la peine,

petits Cardinaux (qu'on appela le cardinal de Saincte-Flore.) Item, eut un fils, qui est ledit *Pierre Louys* que demandiez, qui a espousé la fille du comte de *Cervelle*, dont il tout plein frayer d'enfans, et entre autres le petit Cardinalicule *Farnèse*, qui a esté fait Vice-Chancelier par la mort du feu Cardinal de Médicis. »

6.

à tout le moins qu'il vous plaise n'estre cause qu'elle soit augmentée à la clameur des personnes qui, par nature, sont peu miséricordieuses et moins entendantes les raisons que les entendés. »

Dans la troisième lettre, qui est d'une tout autre nature, Diane de Poitiers, autre maîtresse royale, répond à du Bellay, qui l'avait priée de rappeler au roi la promesse d'un bénéfice dont le titulaire était malade, mais vivait encore !

« Monsieur,

« J'ai reçeu la lettre que m'avez escripte, et en ce que me mandéz touchant la maladie de l'abbé de Lespan, de quoy j'ay parlé au roy, et lui ay ramantez la promesse qu'il vous en avait faite; lequel me l'a encore accordé pour vous, et m'a asseuré que autre ne l'aura que vous, et de mon côté je y tiendray bien la main et en parleray à tous les secrétaires des commandements, en ce qu'ils n'en depechent rien, si ce n'est en vostre faveur, et par ainsi, on ne vous y sçaurait point faire de surprise; aussy, Monsieur, je vous prie m'advertir de bonne heure si elle venait à vacquer, et je vous feray avoir vos depesches en bonne forme, vous advisant, Monsieur, que ledit seigneur m'a commandé vous escripre que en vous baillant ladite abbaye, il veut et entend que la pension de M. Goneto........ soit amortie et qu'il ne paye plus. Je voys la chose de si peu de valeur que je pense n'y ferez point de difficultés, et de ma part je vous en prie bien fort, et si en quelque autre endroit je vous puis faire plaisir et service, je m'y emploierai d'aussi bon cœur que je m'en vays prier Nostre Seigneur de vous donner, Monsieur, très bonne vie et longue.

« A Blois, ce 28 mars.

« Vostre très humble bonne amie,

« Diane de Poytiers. »

Après nous être si longtemps arrêté aux bibliothèques de Troyes et de Montpellier, où se conservent encore la plupart des manuscrits de Pithou et de Bouhier, nous ne pourrions, sans dépasser les bornes qui nous sont imposées, essayer de rendre un compte détaillé de plusieurs autres bibliothèques des départements, que nous avons visitées récemment. Cependant, pour qu'on ne nous accuse pas de négliger tout à fait des collections considérables et des monuments littéraires du plus haut intérêt, nous demandons la permission de signaler ici rapidement quelques-uns des manuscrits les plus précieux que nous avons pu examiner dans les bibliothèques de dix-huit villes différentes que nous avons visitées dans notre dernier voyage.

Comme ces collections n'ont pas toutes la même importance, et que nous sommes forcé d'abréger, nous ne citerons que les bibliothèques de Dijon, d'Autun, de Lyon, de Carpentras, d'Albi, de Tours, et d'Orléans, qui sont les plus importantes, sans revenir sur celles de Montpellier et de Troyes, sur lesquelles nous nous sommes suffisamment étendu. L'importance de ces collections ne dépend pas du nombre des manuscrits; elle dépend surtout de l'ancienneté des bibliothèques des couvents d'où, pour la plupart, ces manuscrits ont été tirés à la révolution. Aussi, les manuscrits d'Autun et d'Albi, qui sont en fort petit nombre, méritent d'être placés au premier rang, tandis que les bibliothèques de Toulouse et de Bordeaux n'offrent pas à l'attention des érudits un nombre de manuscrits proportionné à l'étendue de ces collections.

La bibliothèque de Dijon contient près de cinq cents manuscrits, qui proviennent, en grande partie, de Cîteaux et de l'abbaye de Saint-Bénigne de Dijon. Quelques-uns appartiennent au IXe et au Xe siècle, mais il n'y en pas de plus anciens. Cette collection, riche en ouvrages ecclésiastiques, renferme une des plus nombreuses séries de vies de saints que nous connaissions et dont plusieurs ne paraissent pas se trouver dans le grand recueil des Bollandistes. Les ouvrages relatifs à l'histoire de France y abondent : nous citerons, à ce propos, deux manuscrits du XIVe siècle de la chronique de Guillaume de Nangis, avec la continuation, manuscrits[1] qui pourraient fournir d'utiles variantes, et un recueil d'anciennes chartes et de diplômes relatifs aux franchises accordées par les rois de France à différentes villes de Bourgogne. Ce recueil, fort important pour l'histoire du tiers état, a appartenu au président Bouhier; une des pièces qu'il contient, et qui est connue des savants, mérite, par sa date, une attention particulière. Ce sont des lettres de franchise, adressées, en 1183, par le roi de France à la ville de Dijon, et où les droits antérieurs de cette ville sont implicitement reconnus, comme on le voit par cette formule : *Salva praecedente libertate.*

Deux recueils scientifiques méritent d'être distingués dans les manuscrits de Dijon : l'un, qui est du XIe siècle, contient divers écrits astronomiques avec des figures à la plume assez bien exécutées, et l'on y voit une mappemonde digne de l'intérêt des savants, qui ont accordé une attention spéciale à la carte de Turin et à celle qui se trouve dans l'Or-

[1] Les mêmes ouvrages se trouvent dans les manuscrits 159 et 160 de la bibliothèque de Lyon.

mesta ; l'autre recueil, qui appartient à la fin du XIIe siècle ou au commencement du XIIIe, contient plusieurs ouvrages historiques et divers traités de géographie, dont quelques-uns paraissent inédits. Un de ces traités nous a surtout frappé par l'indication qu'on y trouve des îles Fortunées à une époque où l'on supposait que les Européens avaient perdu le souvenir de ces îles. Cet écrit, qui a pour titre *Descriptio mappe mundi*, se compose de vingt-huit chapitres, précédés d'un prologue. C'est dans le second chapitre, intitulé *De insulis Oceani maris*, que l'on trouve le passage auquel nous venons de faire allusion : « Inter africum et zephirum sunt insule fortunate : Caninaria, Nivaria, Capria, etc, » où l'on doit remarquer le nom de *Caninaria*, étymologie évidente des *Canaries*.

Un volume qui ne saurait être omis, c'est un *Corpus poetarum*, recueil très-considérable, écrit au XIIe siècle. Outre les poëtes latins, qui s'y trouvent presque tous réunis, ce précieux manuscrit contient l'*épitome* de l'Iliade, attribué faussement à Pindare [1], et plusieurs fois imprimé. Nous citerons encore un catalogue, rédigé en 1480, des manuscrits de Cîteaux. Ce catalogue, fort important pour l'histoire littéraire de la France, fait connaître, dans une classe à part, les ouvrages qu'on destinait alors à l'instruction de la jeunesse.

Les manuscrits du séminaire d'Autun sont en petit nombre, mais ils doivent figurer parmi les plus remarquables. Ils étaient autrefois à la cathédrale, et ont été légués au chapitre par différents évêques de ce diocèse. Il y en avait beaucoup autrefois, mais il en reste à peine une centaine aujourd'hui. Pour en faire comprendre l'importance, il suffira de dire que quatre de ces manuscrits sont en lettres onciales, quatre en caractères mérovingiens ou lombards, et que plusieurs autres, écrits en minuscule caroline, sont antérieurs au Xe siècle. Chose fort rare, un des manuscrits en lettres onciales est daté ; il est de la troisième année du règne de Pépin. Il contient les Évangiles, avec des miniatures extrêmement grossières. Le copiste, qui se nomme à la fin, expose les motifs pieux qui l'ont engagé à entreprendre ce travail.

Cette note finale est en ces caractères mérovingiens dont on se servait habituellement alors, tandis que, comme nous venons de le dire, les Évangiles sont en écriture onciale, qui était plus ancienne. C'est là un nouvel exemple d'un fait que l'on connaissait déjà : savoir, que,

[1] Cet abrégé, qui, dans ce manuscrit, est anonyme et divisé en plusieurs livres, m'avait semblé d'abord contenir la traduction de quelques parties de l'Iliade. C'est à mon savant confrère, M. le baron de Reiffenberg, de Bruxelles, que je dois l'indication plus exacte que je reproduis ici.

dans les manuscrits de liturgie, on a souvent reproduit des caractères plus anciens. Il ne suffit donc pas, dans ces manuscrits, de l'examen de la forme des lettres pour en déterminer l'âge avec quelque certitude.

Il y a deux palimpsestes au séminaire d'Autun : l'un, où l'on voit actuellement le commentaire de saint Grégoire sur Job en caractères mérovingiens, contenait autrefois la version italique de l'Évangile en lettres onciales; l'autre est encore plus ancien : ce sont les Institutes de Cassien en lettres onciales, et, sur quelques feuillets, l'on découvre la trace d'une écriture minuscule romaine plus ancienne, qui a dû être grattée. L'existence d'une minuscule romaine avant l'écriture onciale est un fait paléographique fort curieux, et qui nous semble mériter l'attention des érudits. L'écriture du Cassien paraît du VII-VIIIe siècle, ce qui donne une grande antiquité à ce palimpseste et le rend encore plus précieux : car, bien que l'on sache, par une lettre de Cicéron, que déjà, de son temps, on grattait les manuscrits[1], cependant ceux qui nous restent sont, en général, postérieurs au VIIIe siècle, et nous n'en avions jamais vu d'une époque aussi reculée.

Malgré notre désir d'abréger autant que possible, nous ne saurions passer sous silence deux autres manuscrits : un Sacramentaire de saint Grégoire et un Priscien, qui se trouvent dans la même bibliothèque. Ils sont tous les deux du IXe siècle et parfaitement conservés. Le Sacramentaire, qui est fort important pour l'histoire de la liturgie, est surtout remarquable pour les miniatures dont il est orné, et qui sont d'une finesse d'exécution et d'une pureté de dessin dont nous n'avions jamais vu aucun exemple dans les manuscrits de cette époque. Quant au Priscien, qui est accompagné d'un commentaire perpétuel digne d'intérêt, ce qui le recommande surtout, à notre avis, à l'attention des savants ce sont les nombreuses notes tironiennes qui s'y trouvent. Ces notes, qui contiennent la transcription d'un grand nombre de passages du texte, et dont, par conséquent, la lecture est facile, pourraient servir à augmenter considérablement le glossaire donné par Gruter de cette ancienne sténographie.

Ceux qui connaissent le catalogue des manuscrits de Lyon, publié en 1812, en 3 volumes in-8°, par Delandine, s'imaginent peut-être qu'il n'y a presque rien à glaner dans une bibliothèque qui a été l'objet d'un

[1] Voici ce qu'il écrivait à Trébatius : « Que vous commenciez à écrire sur un papier gratté (palimpseste), c'est une épargne fort louable; mais je cherche avec admiration ce qui a pu mériter ainsi d'être effacé : à moins que ce ne soit quelqu'une de vos formules; car je ne puis croire que vous grattiez mes lettres pour me faire vos réponses sur le même papier. » (*Famil.* VII, 18.)

travail aussi considérable. Telle était aussi notre opinion avant d'avoir pu comparer les manuscrits avec la description qu'on en avait imprimée ; mais, lorsque, en visitant récemment cette bibliothèque, nous avons pu nous convaincre que des manuscrits, que Delandine affirmait être en grec, étaient écrits en allemand [1], que des poëmes, qu'il disait italiens, étaient en langue romane [2], et que, après s'être presque toujours trompé sur les dates, il avait souvent pris le nom du copiste pour celui de l'auteur; que, lorsqu'il n'avait pas pu lire des vers qu'il citait, il les avait inventés [3], qu'il avait été jusqu'à croire manuscrits des ouvrages imprimés au XVe siècle [4], nous comprîmes qu'il fallait refaire entièrement ce catalogue, qui contenait plus de quinze cents manuscrits, et c'est ce que nous avons fait dans notre dernier voyage.

Nous n'entreprendrons pas de donner ici l'analyse de ces quinze cents manuscrits, dont les plus anciens proviennent de la bibliothèque de l'île Barbe, fondée par Charlemagne, et de celle de l'église Saint-Étienne; plusieurs portent encore le nom et l'*ex voto* des premiers évêques de Lyon (Agobard, Remi, Amolon), et de ce Leidrade qui fut un des bibliothécaires de Charlemagne. Nous nous bornerons à dire que la bibliothèque de la ville de Lyon contient treize manuscrits en lettres onciales, dont aucun n'avait été annoncé comme tel par Delandine : ce nombre est très-considérable, et il n'y a pas beaucoup de collections en Europe qui puissent en compter davantage. Un de ces manuscrits, qui est un psautier, nous a paru très-ancien. Ce qui nous le fait penser,

[1] C'est le n° 1220. Delandine dit que cet ouvrage est en *antique langue sclavone*, avec la *traduction en grec*. Le fait est qu'il est en russe, avec une espèce de traduction en allemand. — [2] Voyez le n° 1223, que Delandine dit être en *antiques vers italiens*, et qui est en langue romane. — [3] Au n° 685 (que Delandine appelle *Chronique de l'âme*, et qui n'est réellement que la *Chronique d'Elaine* ou *d'Helaine*, en vers) on a imprimé des vers extraits du manuscrit. Nous en donnons ici quelques-uns, avec le véritable texte en regard :

TEXTE PUBLIÉ PAR DELANDINE.	TEXTE DU MANUSCRIT.
Henri mourut dans Rome, et puis finalement	Et le bon roy henri, au gre du sapient,
De deuil mourut sa femme assez prochainement	Mourut de dedans rōme et aprens finement
Ains au moustier *Saint-Pierre* furent certainement	De doeul mourut helaine assez prochainement
Tous les deux enterrés.....	Tres ou moustier Saint-Pierre sachiez certainment
	Furent-ilz enterré.....

[4] Le n° 508 du catalogue est un imprimé, et non pas, comme l'annonce Delandine, un manuscrit « dont le caractère, net et très-uniforme, ressemble parfaitement aux caractères typographiques gravés sur bois. » Le n° 1237, appelé par Delandine un *manuscrit*, est également un livre imprimé. De telles méprises ne sont plus à craindre depuis que M. Péricaud aîné, bibliographe aussi aimable que savant, a été chargé de la conservation de la bibliothèque de Lyon.

c'est que, dès le VIIIe siècle, le vélin avait été corrodé par l'encre. En effet, les mots, devenus illisibles par suite de cette action corrosive, ont été rétablis, à la marge, en écriture cursive lombardo-mérovingienne. C'est là, si je ne me trompe, la preuve d'une très-haute antiquité. Tous ces anciens manuscrits contiennent des livres sacrés ou des écrits des Pères de l'Église. Un seul renferme quelques fragments de Térence écrits en prose, et qui semblent offrir d'utiles variantes.

La théologie, l'histoire ecclésiastique, la philosophie, la jurisprudence, sont les classes qui contiennent le plus grand nombre de manuscrits. Il y a aussi, dans la bibliothèque de Lyon, beaucoup d'ouvrages relatifs à l'histoire de France, dont quelques-uns peut-être n'ont pas été publiés. Les anciens monuments de la littérature française, les poëmes, les romans de chevalerie, y abondent; et nous y avons remarqué une encyclopédie en vers provençaux, composée, en 1288, par Matfre Ermengau de Béziers. Cet ouvrage, que Delandine avait placé parmi les écrits italiens, et qu'il avait attribué à un nommé Alberti [1], doit intéresser particulièrement les personnes qui s'occupent de l'histoire des sciences.

On sait assez généralement qu'il existe, à Carpentras, la plupart des recueils formés par Peiresc, et qui contiennent une multitude de pièces relatives à toutes les branches des sciences et de l'érudition; on sait également qu'une portion très-notable de la correspondance de ce savant magistrat existe aussi dans la même ville. Mais ce qu'on sait moins, c'est que la bibliothèque de Carpentras possède, en outre, plusieurs centaines de manuscrits, dont quelques-uns sont dignes du plus grand intérêt. En première ligne figure un évangéliaire grec en capitales, qui semble remonter au VIIIe siècle au moins. A la fin du volume se trouve une note plus moderne, qui paraît annoncer qu'il a été donné à une église l'an 1092.

La bibliothèque de Carpentras est riche en manuscrits en langue romane. Dans un recueil en deux volumes, dont nous avons fait un relevé exact, nous avons rencontré une version en provençal du Dolopatos ou roman des Sept Sages, et une copie acéphale du *Breviari d'Amor*, que nous avions déjà rencontré à Lyon. Des vies de saints et une histoire de Provence, également en langue romane, se trouvent dans la même bibliothèque, où l'on voit aussi un traité de géométrie pratique et d'arpentage composé en vers provençaux. Cela rappelle les traités d'algèbre écrits en vers sanscrits par Brahmegupta et par d'autres auteurs indiens.

[1] C'est le n° 1223, que nous avons cité plus haut.

Trois manuscrits autographes, qui sont aussi à Carpentras, semblent devoir être cités. Ce sont l'histoire de Provence par Nostradamus, l'*Argenis* de Barclay, et des mémoires écrits par Malherbe pour l'instruction de son fils. Le dernier ouvrage contient des détails fort intéressants sur la vie de ce célèbre poëte.

Nous n'essayerons pas ici de donner l'analyse, même sommaire, des manuscrits de Peiresc. Dans notre dernier voyage, nous nous sommes appliqué à compléter l'inventaire défectueux qu'on avait remis à Montfaucon, et à dresser un catalogue complet des savants qui étaient en correspondance avec Peiresc, parmi lesquels il suffira de citer Rubens, Galilée, Saumaise, de Thou et Gassendi [1].

Il nous est impossible de nous arrêter sur les manuscrits de la bibliothèque d'Albi, qui sont en petit nombre, mais qui se distinguent par leur antiquité. Ils proviennent presque tous de l'ancien chapitre de cette ville, et remontent, pour la plupart, au xe ou au ixe siècle. Parmi ces manuscrits, nous avons remarqué un recueil écrit au viiie siècle, qui a excité toute notre attention. Il se compose de différents extraits d'auteurs ecclésiastiques; on y trouve aussi un traité de géographie anonyme et une mappemonde. L'écriture est tantôt onciale, tantôt mérovingienne. Tous les noms écrits sur cette mappemonde sont en petites lettres onciales. Nous reviendrons sur ce document précieux, qui est peut-être le plus ancien monument géographique figuré qui existe au monde. Pour le moment, nous nous bornerons à dire que, dans cette mappemonde, l'Espagne et la France ne forment qu'une seule péninsule; que l'Angleterre n'y est point marquée, et que la mer Rouge, le golfe Persique, l'Adriatique, la mer Noire et la mer Caspienne (qui est supposée communiquer avec la mer du Nord) ont, sur cette carte, des directions parallèles et vont généralement du nord au midi.

Tours, où se trouvent actuellement la plupart des livres de Mar-

[1] Dans le Journal général de l'instruction publique (samedi, 25 décembre 1841) M. Ravaisson a inséré un rapport détaillé sur les manuscrits de Peiresc. Dans cet intéressant travail, M. Ravaisson a bien voulu citer deux lettres de Galilée à Peiresc, que nous avions fait paraître précédemment dans ce journal (avril 1841, p. 203 et 212), et il ajoute « qu'il y en a une autre de Peiresc à Galilée lui-même, dans laquelle il donne des éclaircissements précieux sur les intentions du cardinal Barberini, etc. » Nous connaissons plusieurs lettres adressées par Peiresc à Galilée, qui se trouvent à la bibliothèque de Carpentras, et nous avons eu déjà occasion de dire ailleurs que ces lettres avaient été publiées à Turin en 1828. Il est probable que la lettre que M. Ravaisson annonce avoir copiée, et qu'il signale à l'attention de M. le ministre de l'instruction publique, a déjà paru à Turin, mais, comme il n'en donne pas la date, on ne peut pas savoir si notre supposition est exacte.

moutiers et de Saint-Martin, est riche en manuscrits anciens. Nous y avons remarqué plusieurs manuscrits en lettres onciales, dont un, écrit en lettres d'or, servait aux anciens rois de France quand ils prêtaient serment dans l'église de Saint-Martin ; un autre, également en onciales, est orné de miniatures qui paraissent du VIIe siècle. Des versions de Sophocle et d'Euripide en vers latins, du XIIe siècle ; un recueil, sur parchemin, des principaux historiens de la Grèce, écrit probablement au XIe ou au XIIe siècle, et qui, de plus, paraît palimpseste en quelques endroits ; un recueil de lettres de Henri III et de Henri IV ; plusieurs volumes autographes de Gassendi, montrent l'importance de la bibliothèque de Tours. Quant aux manuscrits d'Orléans, dont Septier a publié le catalogue en 1820, quoique cet ouvrage soit beaucoup moins défectueux que celui de Delandine, cependant, comme nous ne pourrions citer les manuscrits les plus intéressants de la bibliothèque d'Orléans, sans donner en même temps les rectifications qu'exigerait le catalogue de Septier, nous préférons éviter de traiter un sujet qui nous entraînerait trop loin.

Bien que nous n'ayons mentionné que quelques-unes des principales bibliothèques des départements, cela ne veut pas dire qu'il n'existe pas ailleurs des manuscrits dignes d'intérêt ; il y en a partout, et de fort précieux : à Sens, la chronique de Geoffroy de Coullon, et le manuscrit si curieux de la Messe de l'âne ; à Châlons, quelques morceaux de Boèce, qui paraissent inédits ; à Nîmes, la correspondance de Séguier ; à Carcassonne, un beau Quintilien et le manuscrit de Flamenca ; à Toulouse, un ancien recueil de canons en lettres onciales, et beaucoup d'ouvrages sur les Albigeois ; à Bordeaux, un recueil fort important d'anciennes lettres de divers princes, ainsi que l'exemplaire des *essais* sur lequel Montaigne a préparé la sixième édition de cet ouvrage. Partout des écrits importants sur l'histoire locale, des cartulaires, des chroniques inédites. Dès qu'on en connaîtra l'existence, ces documents, qu'on ne saurait mentionner ici, seront, sans doute, étudiés avec soin par les savants qui s'occupent de l'histoire nationale.

En terminant cette notice [1], qui n'avait pour but que de signaler au zèle et à l'attention des érudits les bibliothèques des départements où se trouvent tant de richesses malheureusement encore trop peu connues, nous ne saurions nous empêcher de relever la fausseté d'une

[1] Nous saisissons avec empressement cette occasion pour remercier publiquement les autorités et les bibliothécaires des villes que nous avons visitées. Leurs noms paraîtront ailleurs : ici nous devons nous borner à leur exprimer, en général, toute notre reconnaissance pour la rare obligeance avec laquelle ils ont bien voulu faciliter nos recherches

assertion que les étrangers répètent souvent, et qui, même en France, n'est pas assez repoussée. On dit sans cesse que tout est à Paris, et que, hors de là, il n'y a rien en France. Nous ne craignons pas d'avancer qu'en prenant au hasard, dans un des États quelconques de l'Europe, dix-huit villes de province, on n'y trouverait pas la moitié des richesses bibliographiques et littéraires que nous avons rencontrées dans les dix-huit bibliothèques que nous venons de visiter. Cette vérité ressortira encore davantage du catalogue général des manuscrits des bibliothèques des départements, dont M. le Ministre de l'instruction publique vient d'ordonner la publication, et qui montrera que, même sous ce rapport, la France n'a rien à envier aux étrangers.

IMPRIMERIE ROYALE. — 1842.

I.

NISI INTENTA PRIUS MEDITATIONE
DISCATUR, AB IMPERITIS ERGO PAS

uiri fratres ego pharisaeus sum filius

II.

PAM S ed cur tu abis ab illa · MYS Obstetricem accerso ·
PAM P ropera · atq; audin uerbum unum caue ·
D e nuptiis ne ad morbum hoc etiam · MYS teneo ·

III.

accepisse sed utrique letentur; sicut apostulus monet: ut
nihil habentes et omnia possedentes; Nec qd dicta et uinstor

sic et tunc interpretatur, Zeb lu____pus, Zebee · uictima,
sed magne autem · umbr ae cu___ mo eius, Haec & omni
a exercitari oportet ad christi · qui nulla conuersio

IV.

VOTO BONAE MEMORIAE MANNONIS
LI BER
AD SEPULCHRUM SCI AUGENDI OBLATUS;

introq; sic p sopiu discerpit ut commupis humanitas p honneg & ur: dum

V.

ad opus armoru · In ueneres tamen feminine armen
s apud ennium positum ·

www.ingramcontent.com/pod-product-compliance
Ingram Content Group UK Ltd.
Pitfield, Milton Keynes, MK11 3LW, UK
UKHW021136230726
13926UKWH00002B/844